Salvador Allende

Waltraud Hagen
Peter Jacobs

Salvador Allende

Eine Chronik

neues leben

Inhalt

»Wir glauben, dass von allen Führern Lateinamerikas Allende unseren Interessen am meisten geschadet hat.«

Henry Kissinger

Der letzte Tag

Bodennebel lastet am Morgen des 11. September 1973 über Santiago de Chile. Der Präsident hat eine kurze, bleierne Nacht hinter sich. Verrat liegt in der Luft, die vom Ozean herüberweht und die Nebelschwaden gegen die Bergketten der Kordilleren drückt. Zwei Tage zuvor hat er die Befehlshaber von Heer, Marine und Luftwaffe getroffen, die ihm mit ihren undurchdringlichen Mienen ihre Treue zur Verfassung bekräftigten. Dann sind sie in ihre Stabsquartiere zurückgekehrt und haben ihre Pläne vorangetrieben, den Präsidenten zu stürzen.

Am Abend des 10. September hat sich der Mann mit einigen engen Beratern in seiner Residenz in der Avenida Tomás Moro getroffen, wo er nach seinem Wahlsieg seinen familiären Lebensmittelpunkt eingerichtet hat, weniger aus Neigung als vielmehr aus staatsmännischer Pflicht. Dass die von Bäumen gesäumte Nobelstraße den Namen des großen englischen Lordkanzlers Thomas Morus trägt, der fünf Jahrhunderte zuvor seinen berühmten Entwurf für eine auf Gemeineigentum beruhende Gesellschaft unter dem unvergesslichen Titel *Utopia* niederschrieb, ist ein Zufall. Die einstigen Namensgeber ahnten nicht, dass dies einmal Bezug gewinnen könnte auf das gesellschaftliche Experiment, für das dieser sozialistische Präsident steht.

Draußen in den Callampas, den Vierteln der ganz Armen, in denen vor drei Jahren Hoffnung eingezogen ist – ungewiss, aber doch eben eine Stimmung, die es zuvor nicht gab –, ist es still. Krähen krächzen auf den Müllhalden. Dort hört man nicht das Waffenklirren in den Kasernen, aber jeder ahnt Unheil. Im Flüsterton geht die Angst durch die ungepflasterten Gassen in die Hütten der kleinen Leute. »Jeder auf seinen Platz« – so titelten am Abend zuvor vorsorglich die Redakteure der kommunistischen Zeitung *El Siglo*.

Noch glaubt der Mann, er habe die Kraft, den Riss, der durch die Gesellschaft geht, zu kitten. Noch weiß er an diesem Morgen nicht genau, was über Nacht in den Kasernen vorgegangen ist. Noch will er nicht bis zur letzten Konsequenz wahrhaben, dass er ins Zentrum von tödlichen Kabalen geraten ist, wie man sie aus Shakespeares und Schillers Dramen kennt, voller Feigheit, Falschspiel und Verrat. Denn die Schlachtordnung seiner Gegner bleibt ihm verborgen.

In den Reichenvierteln, in Las Condes, Barrio Alto und Vitacura, wo die Menschen aus der Unterschicht nur als Gärtner, Dienstboten und Putzfrauen Zutritt haben, kochen seit Tagen die Gerüchte. Der Verrat hat die Gestalt einer kollektiven Wut, aber noch kein Gesicht. Erst an diesem Tag wird sich zeigen, wem die Rolle des Meuchlers mit dem Dolch im Gewande zufällt, des Oberschurken, der die Gelegenheit ergreift, gleichsam aus dem Nichts in das gleißende Licht der Geschichte zu treten. Es wird einer sein, der sich für den Retter der Nation halten wird, für einen neuen Napoleon, der die Macht über seine Panzer durch die seiner Kumpane über die Marine und Luftwaffe vervielfacht. Und der – wie einst der korsische Artilleriehauptmann die Barrikaden in Paris – nun unter dem Beifall der eigentlich Mächtigen im Lande den Spuk einer lästigen Präsidentschaft in Santiago de Chile hinwegfegen wird.

Der Mann in der Avenida Tomás Moro hat eine millionenfache Anhängerschaft. Ihm ist aber auch bewusst, dass viele seiner Landsleute ihm ablehnend gegenüberstehen oder ihn sogar hassen. Seine Feinde sind nicht nur zu finden bei der alteingesessenen Oligarchie, sondern auch in der mittleren und kleinen Unternehmerschaft, die ihren Besitz an Produktionsmitteln in Gefahr sieht. Selbst Leute, die ihm drei Jahre zuvor ihre Stimme gegeben haben, gelangen zu der Ansicht, dass dieser Präsident nicht die nötige Macht und die richtigen Methoden habe, seine Versprechen zu erfüllen, und dabei sei, ihr Land an dunkle fremde marxistische Mächte auszuliefern. Es werden immer mehr, die nun die Geduld verlieren, je heftiger sie an Lebensmittelknappheit, Stromsperren, Zusammenbruch des öffentlichen Verkehrs und anderen katastrophalen Beschränkungen leiden müssen. Und die meinen, dass er besser verschwinden solle, damit dem Land wieder wirtschaftlicher Aufschwung und volle Suppentöpfe beschert werden.

In der Nacht, die seine letzte werden wird, beschäftigt den Präsidenten wohl die Frage, ob er noch einmal Kraft schöpfen könne für die Sisyphusarbeit, in seinem Land die minimalen Voraussetzungen für eine demokratische sozialistische Gesellschaft zu schaffen, oder ob er zurücktreten müsse. Vielleicht versucht er dabei auch abzuwägen, ob er die konspirierenden Generäle noch stoppen kann, die einzige Macht, die er wirklich fürchten muss – mehr als die demonstrierenden Wohlstandsbürgerinnen, die Topfdeckel schlagend auf den Straßen eine Hungerrevolte inszenieren. Mehr als die Lastwagenunternehmer, die mit ihren Streiks in diesem weit auseinandergezogenen, zerklüfteten Land die Versorgung lähmen. Und mehr als die Intrigen der brüskierten Supermacht USA samt den Attentätern, die ihm nach dem Leben trachten.
Aber für solche Überlegungen ist es schon zu spät. Um 21.30 Uhr kommt ein Anruf aus dem Präsidentenpalast Moneda. Lastwagen mit Soldaten aus der Stadt Los Andes seien unterwegs in Richtung Santiago. Um 23 Uhr die Bestätigung. Am nächsten Morgen, um 6.15 Uhr, meldet der Polizeichef am Telefon, in der Hafenstadt Valparaíso meutere die Marine.

Anwesend in der Präsidentenresidenz Tomás Moro sind in dieser frühen Morgenstunde des 11. September 1973 der spanische Berater Joan Garcés, der Journalist Augusto Olivares und andere Vertraute. Die halbe Nacht über haben sie beraten, wie der Krise im Lande beizukommen sei. Mit einem Mal sind alle Überlegungen hinfällig. Der Präsident versucht, reihum die Oberbefehlshaber der Streitkräfte anzurufen. Kein Hörer wird abgenommen, weder von den dienstlichen noch von den privaten Telefonen. Garcés hat kurz nach Mitternacht dem Vorsitzenden der Kommunistischen Partei, Luis Corvalán, ausgerichtet, dass für den Morgen ein Treffen aller Parteiführer der Regierungskoalition anberaumt sei. Das hat sich nun erübrigt.
Von diesem Augenblick an gibt es für den Präsidenten keinen Zweifel mehr. All die Nachrichten der letzten Tage über verdächtige Ak-

tivitäten in den Kasernen und über Truppenbewegungen landauf, landab entlang der pazifischen Küste hatten einen harten Kern. All die Versicherungen der Generäle von Luftwaffe, Heer und Marine, es handele sich um ein harmloses gemeinsames Manöver mit Einheiten der US-amerikanischen Marine und um Routineübungen für den traditionellen Militäraufmarsch am 19. September, erweisen sich als Täuschungen. Die vermeintliche Militärübung Unitas mutiert zur Operación Silencio (Operation Schweigen). Die chilenischen Militärs putschen.
Gegen 7 Uhr steht der stets weltmännisch gekleidete Mann, der wegen seiner Kurzsichtigkeit starke Brillengläser trägt, vor dem Spiegel und prüft den Sitz der neuen Jacke, die ihm seine Frau Hortensia aus Mexiko mitgebracht hat. Vielleicht wirft er wie gewohnt auch noch einen letzten Blick auf diesen oder jenen der vielen kleinen Einrichtungsgegenstände, die er vom Wohnsitz der Familie in Guardia Vieja herüberholen lassen hat. Auf seine Sammlung präkolumbianischer Tonfiguren oder auf die Gemälde des Ekuadorianers Guayasamín und des Mexikaners Siqueiros oder auf den Likörvorrat, aus dem er politischen Besuch gern versorgte. Oder auch auf das Porträt des argentinisch-kubanischen Revolutionärs Che Guevara, das er mit einem maliziösen Lächeln immer gern militärischen Besuchern zeigte.
Geboten aber ist höchste Eile. Um 7.15 Uhr fährt der Chauffeur Julio Soto vor. Begleitet von einer dreiundzwanzigköpfigen Wachmannschaft in drei gepanzerten Fahrzeugen brechen sie auf zum Präsidentenpalast. Das Gebäude beherbergte einst die Münzmacher, daher der Name La Moneda, die Münze. Auf den Straßen, die ins Zentrum führen, herrscht wenig Verkehr. »Es schien, als seien wir die Einzigen, die vom Staatsstreich nichts mitbekommen hatten«, erinnert sich später der Leibgardist Isidro García. »Dass niemand auf der Straße war, hieß doch: die Leute wussten, dass irgendetwas vor sich ging.«[1] Es ist, als ob die Menschen ahnen, dass eine schreckliche Erschütterung bevorsteht, ein Beben, das ihr schönes, zerrissenes Land durchrütteln wird, von den glutheißen Salpeterwüsten im Norden bis zu den sub-

arktischen Inseln im Süden, ein Umschwung, mit dem sie lange nicht fertig werden können – die Opfer nicht, die vermeintlich Davongekommenen nicht und die Beutemacher eigentlich auch nicht.

Um 7.30 Uhr erreicht der Konvoi die Moneda. Die Nebeldecke über der Stadt hat sich aufgelöst. Der wuchtige Bau, erdbebensicherer Kolonialstil aus dem 19. Jahrhundert, liegt jetzt in der strahlenden Morgensonne. Zu dieser frühen Stunde halten fünfundzwanzig Carabineros Wachdienst. Die Polizisten haben noch keine andere Order erhalten, als für die Sicherheit des Präsidenten zu sorgen. Wenige Stunden später werden sie seine Feinde sein.

Um 7.50 Uhr melden sich die Putschgeneräle zum ersten Mal öffentlich und lassen über den Radiosender *Agricultura* eine Erklärung verlesen. Um dem Chaos im Lande Einhalt zu gebieten, müsse der Präsident der Republik unverzüglich seine Vollmachten an die Streitkräfte und die Carabineros übergeben. Die Junta habe das ganze Land unter Kontrolle. Es gelte, einen Bürgerkrieg zu vermeiden.

Der Bedrängte antwortet über den Radiosender *Corporación*, der seiner Sozialistischen Partei nahesteht. Er wolle öffentlich klarstellen, was in diesem Augenblick geschehe. Offensichtlich hätten sich einige Einheiten der Marine und einige Regimenter des Heeres gegen ihn erhoben. Das sei nicht der erste Putschversuch in diesen Monaten. Er hoffe, die Situation unter Kontrolle zu bekommen.

In der Moneda sind etwa fünfzig Menschen versammelt, darunter Minister, mehrere engere Mitarbeiter, die schwangere Präsidententochter Beatriz, die Männer der Leibwache, Polizisten aus der offiziellen Schutztruppe des Staatspräsidenten, Ärzte und anderes Personal. Später stoßen der Innenminister José Tohá, der Leibarzt Arturo Jirón und Tochter María Isabel hinzu. Der Hausherr wahrt seine selbstsichere Haltung und gibt nicht preis, unter welcher Spannung er steht. Telefonisch versucht er Orlando Letelier zu erreichen. Aber die Verbindungen sind gekappt. Der Verteidigungsminister ist zu diesem Zeitpunkt schon verschleppt. Die Putschisten kontrollieren das Fernsprechnetz, die Kraftwerke, die Wasserversorgung und die Treibstofflager.

Um 8.42 Uhr meldet sich General Ernesto Baeza im Namen der Junta am Telefon. Ein Flugzeug stünde bereit, um den Präsidenten und seinen Anhang unbeschadet außer Landes zu bringen. Der aber erklärt: »Ich werde keinen solchen Verrat begehen wie Sie. Verräterische Generäle können einen Mann von Ehre nicht verstehen. Ich werde gegen euch bis zum Letzten kämpfen.«[2] Als er aufgelegt hat, spreizt er drei Finger und sagt nur: »Drei Verräter.«[3]
Später wird man Funkaufzeichnungen aus den Stützpunkten der Putschisten zu folgendem Klartext entschlüsseln:
»Stützpunkt 1 (Pinochet): Bedingungslose Kapitulation. Keine Verhandlungen.
Stützpunkt 5 (Generalstabschef Carvajal): Verstanden. Wir bieten weiterhin an, ihn aus dem Land zu bringen.
Stützpunkt 1: Das Angebot bleibt bestehen, und der Flieger stürzt ab, wenn er in der Luft ist.«[4]
Vor der Moneda sind inzwischen Absetzbewegungen der Carabineros zu beobachten. Nicht einmal ihr Befehlshaber, der im Palast noch anwesende General Sepúlveda, kann sie daran hindern. Über die Funkzentrale haben sie andere Weisungen bekommen. Dort entscheidet jetzt der General Mendoza, der sich inzwischen selbst zum Polizeichef ernannt hat.
Um 8.53 Uhr läutet an der Sprechanlage des Präsidentenschreibtisches jenes Telefon, welches nur für interne Regierungsgespräche zur Verfügung steht. Eine nicht sehr durchdringende, aber belfernde Stimme ertönt im Hörer. Es ist der Putschistenführer selbst. Der General meldet sich aus seinem sicheren Befehlsstand, draußen in den Hügeln über der Stadt, und verlangt die bedingungslose Kapitulation. Ab 11 Uhr werde die Moneda bombardiert.
Drei Wochen zuvor hatte der Präsident den etwas gedrungen wirkenden Mann mit dem unruhigen Blick und einer für einen Karrieremilitär eigenartig unsicheren Körpersprache in der Moneda empfangen und zum Oberbefehlshaber der Streitkräfte ernannt. Da ahnte er noch nicht, dass dieser General bereit war, die chilenische Verfassung mit

Füßen zu treten, und es auf sich nehmen würde, den Oberschurken zu spielen. Einer, der wusste: in dieser Rolle braucht er kein Charismatiker zu sein, er muss niemanden überzeugen, er muss nur über geeignete Instrumente verfügen und im richtigen Moment zuschlagen. Der Präsident im Moneda-Palast wird – späterem Zeugnis seiner Tochter María Isabel zufolge – von der »Koordinierung, Exaktheit und Plötzlichkeit des militärischen Angriffs überrascht. Er erkannte, dass er nicht mehr mit der Unterstützung ihm ergebener Einheiten rechnen konnte.«[5] Der Fünfundsechzigjährige setzt sich einen Helm auf und greift nach dem Gewehr, das ihm der kubanische Staatsgast Fidel Castro zwei Jahre zuvor geschenkt hat, ohne dass einer von den beiden Männern gemeint hätte, dass daraus jemals ein Schuss abgefeuert werden würde. So nimmt er an seinem Schreibtisch Platz. Der Sekretär Osvaldo Puccio hält ihm das Telefon hin wie ein Mikrofon – eine groteske Szene. Sie bekommen Verbindung zur Radiostation *Magallanes,* die den Putschisten noch nicht in die Hand gefallen ist. Im Hintergrund ist ein Flugzeug zu hören. Anstatt zum Referendum aufzurufen, hält der Präsident seine Abschiedsrede. Es ist der letzte Kontakt zur Außenwelt. Die Tonqualität ist miserabel, manche Worte sind fast überlagert vom Rauschen. Es meldet sich ein Todgeweihter. Er spricht konzentriert, aus dem Stegreif und ohne jede Notiz einen Text, den er schon lange im Kopf zu haben scheint.

»Mitbürger! Dies wird höchstwahrscheinlich die letzte Gelegenheit sein, dass ich mich an Sie wenden kann. ... Ich werde nicht zurücktreten. In eine Periode historischen Übergangs gestellt, werde ich die Treue des Volkes mit meinem Leben entgelten.« Die verräterischen Generäle nennt er beim Namen, und er hält ihnen entgegen: »Sie haben die Gewalt, sie können uns unterjochen, aber die sozialen Probleme kann man weder durch Verbrechen noch durch Gewalt aufhalten.« Dem Volk empfiehlt er beschwörend, es solle »sich verteidigen, aber es soll sich nicht opfern. ... Ich glaube an Chile und seine Zukunft. Andere nach mir werden diese bitteren und dunklen Augenblicke überwinden, in denen der Verrat versucht, sich durchzusetzen.

Glauben Sie auch weiterhin daran, dass eher früher als später wahre Menschen auf breiten Straßen marschieren werden, um eine bessere Gesellschaft aufzubauen.«[6]

Das Pathos signalisiert verzweifelte Entschiedenheit. Der äußerlich so Unerschütterliche ordnet sich jenem geschichtlichen Prozess unter, für den er von Antofagasta bis Punta Arenas, von Santiago bis New York geworben hat, in Tausenden von Diskussionen mit begeisterten Gefolgsleuten und politischen Gegnern, mit Fabrikarbeitern und Schafzüchtern, mit vornehmen Mittelklasse-Señoras und scheuen Indianerfrauen, mit erhitzten Studenten und mutlosen Straßenbettlern.

Er hat kein bewaffnetes Volk, das ihm den Rücken stärken könnte. Er fordert von niemandem irrationalen Widerstand. Nicht von den kleinen bewaffneten Gruppen, die jetzt irgendwo da draußen im Industriegürtel dem Bombardement der Gegner ausgesetzt sind. Nicht einmal von seiner Leibgarde, die darauf eingeschworen ist, das Leben des Präsidenten zu schützen. Er stellt es jedem Mann im Palast frei, sich eines Stahlhelms und eines Gewehrs aus der Waffenkammer der Palastwache zu bedienen. Ein Befehl ist das nicht.

Der Belagerte selbst geht auf Erkundung, erscheint einmal kurz auf einem Balkon, in merkwürdigem Kontrast zu einem Verteidiger, der eine Maschinenpistole in Anschlag hält. Von irgendwo her ist ein Teleobjektiv auf ihn gerichtet. Es fängt die letzten Fotos von ihm ein, welche die Welt zu sehen bekommen wird. Der Helm sitzt leicht schief auf seinem Kopf, am rechten Ohr hängt der Befestigungsriemen herunter. Jetzt trägt der Liebhaber eleganter Kleidung einen grobgemusterten Rollkragenpullover unter dem verrutschten Jackett, die rechte Hand ruht am Gewehrmagazin, die Augen hinter der schweren schwarzgerandeten Brille suchen eher ratlos den Himmel ab – eine bewaffnete Gestalt ohne kämpferische Pose. Er hat immer geglaubt, dass die demokratischen Instrumentarien seines Landes hinreichen könnten, eine Gesellschaft umzukrempeln, er wird auch in seiner Todesstunde, mit dem Gewehr in der Hand, nicht zum Guerillaführer. Er wird einsam sterben.

Alle, die noch im Palast geblieben sind, versammelt der Präsident im Salon Toesca und gibt jedem, der das will, den Weg nach draußen frei. Die Carabineros der Palastwache, bis auf einen Mann, ziehen ab, dorthin, wo inzwischen Panzer aufgefahren sind. Auch die Frauen sollen den apokalyptischen Ort unverzüglich verlassen. Die meisten verweigern das, selbst die Töchter María Isabel, die ihm in den politischen Angelegenheiten leidenschaftlich beigestanden hat, und Beatriz. Er muss sie zwingen zu gehen und begleitet sie bis zu einem Seitenausgang, wo sie unbemerkt hinaushuschen können. Auch die Angestellten, die Kellner und das Küchenpersonal werden ausgeschleust. Nur eine Krankenschwester bleibt mit den Ärzten. Und Miriam Contreras, genannt Payita, die Assistentin, die dem Präsidenten durch mehr verbunden ist als nur durch ein Dienstverhältnis, seine stille Freundin und Vertraute, die nie einen Familienskandal verursachte. Sie versteckt sich gegen seinen Rat in der Moneda, wo sie drei Jahre lang ihre Arbeitsstätte hatte, und wird das Inferno überleben.
Die Generäle kennen kein Pardon für diesen chancenlosen kleinen Haufen von Idealisten. Die meisten Männer, die später aufgeben, werden draußen mit Kolbenhieben empfangen und zu Boden gezwungen, in einer Reihe, die Hände im Nacken. Ein Panzerfahrzeug rattert heran und stoppt erst Zentimeter vor ihren Köpfen. Viele von ihnen werden nicht nach Hause gelangen, sondern in die Folterzellen im Fußballstadion der Stadt, in die Konzentrationslager, wie zahllose ihrer Gefährten, die eingefangen werden, in den Parteibüros, in den Gewerkschaftszentralen, in ihren Wohnungen, in ihren schlecht vorbereiteten Verstecken.
Ab 11 Uhr lassen die Putschisten den Präsidentenpalast aus Panzerkanonen und Maschinengewehren beschießen, um 12.02 Uhr fliegen die Hawker-Hunter-Maschinen an und beginnen mit dem Bombardement aus der Luft. Zuerst stürzt das Glasdach über dem Innenhof des Präsidentensitzes ein. Die nächsten Sprengkörper treffen das Generalsekretariat der Regierung und die Büroräume des Präsidenten. Nach den Sprengbomben werfen die tieffliegenden Maschinen Brandsätze

ab. Flammen schlagen aus dem Gebäude. Der Steinstaub der Explosionen legt sich auf intakt gebliebenes Gemäuer, Brandrauch steigt in den Himmel. Von der Frühlingssonne über Santiago ist nichts mehr wahrnehmbar.

Über die letzten zwei Stunden in der Moneda gibt es wenig verlässliche Zeugenaussagen. Scharfschützen von der GAP, der Schutztruppe des Präsidenten, postieren sich in den Fenstern des Palastes und leisten hinhaltenden Widerstand. Eine Gruppe mit dem Sekretär Osvaldo Puccio, die sich ins Verteidigungsministerium durchschlagen soll, um vielleicht doch noch zu verhandeln, wird gefangen genommen. Wer das überlebt, findet sich Wochen später mit manchem Gefährten im Konzentrationslager wieder.

Der erste, der stirbt, ist der Presseberater Augusto Olivares. Angesichts des Toten entscheidet der Präsident, dass sich die Verbliebenen im Palast ergeben sollen: »Bildet eine Reihe und geht nach draußen, einer nach dem anderen. Ich gehe als Letzter«, soll er gesagt haben.[7] Dann verabschiedet er sich von allen mit einem Händedruck. Keiner weicht. Nur er selbst dreht sich weg, begibt sich in einen Nebenraum, der als Esszimmer gedient hat, und man hört von dort einen Schuss. Er habe den Lauf des Gewehres unter das Kinn gehalten und abgedrückt, das ist die Version vom Tod des chilenischen Präsidenten, auf die sich seine letzten Begleiter geeinigt haben.

»Allende ergibt sich nicht« – diese Worte will der Wachmann Juan Soane, der an seiner Seite geblieben war, als letzte gehört haben. Und dann noch einen Ausdruck, der dem Präsidenten während seiner Amtszeit in der Moneda vor diesem Tag wohl nie über die Lippen gekommen ist: »Mierda.«[8]

Salpeterzeiten

Salvador Allende, Arzt, Mitbegründer der Sozialistischen Partei, Senator und schließlich Staatspräsident – die Erinnerungen an ihn, der unter so dramatischen Umständen von der Bühne der Geschichte des 20. Jahrhunderts abgetreten ist, sind bizarr. Freund und Feind mühen sich bis heute um eine geeignete Charakterisierung: Freimaurer, Marxist, Fantast, Traumtänzer, Hoffnungsträger, Salonrevolutionär, Caudillo, Galan, Lebemann, Narziss, Frauenheld, Sozialist, Patriot, Internationalist? Einer, so heißt es bei den einen, der seinem Volk glaubhaft zu machen versuchte, dass es heraustreten könne aus scheinbar gottgegebenen Abhängigkeiten und Ungerechtigkeiten. Einer, so sagen es andere, den sein Ego dazu verführte, das Unerfüllbare seiner sozialistischen Ziele nicht rechtzeitig zu erkennen, und der sich somit selbst ins Verderben stürzte.

Salvador Allende, dieser »Compañero mit bürgerlicher Bildung und revolutionärer Überzeugung«,[1] war eine schillernde, aber keineswegs changierende Figur der lateinamerikanischen Geschichte des 20. Jahrhunderts. Wer Vorurteile von einem revolutionären Eiferer pflegte, zeigte sich vom persönlichen Umgang meist überrascht. Der US-amerikanische Militärattaché und spätere Mitakteur im großen politischen Intrigenspiel gegen die Regierung Allendes, Edward Korry, vergaß nie das Segelerlebnis vor dem Küstenort Algorrobo mit einem Gentleman mit weißem Hut und weißer Krawatte, blauer Admiralsjacke, weißen Leinenhosen und weißen Schuhen. Allende, ein leidenschaftlicher, aber miserabler Segler, »sah aus wie einer von den reichen alten Leuten, den Vanderbilts von Amerika. Ich konnte nicht glauben, dass dies Allende war, er war wunderbar elegant und natürlich war sein Segelschiff eines von den schönsten hier.«[2]

Der *New York Times*-Herausgeber Cyrus Sulzberger vermutete schlicht einen »linken promarxistischen liberalen Sozialisten«. Voreingenommen durch Korrys Bemerkung, Allende spiele in allen Unterhaltungen eine Melodie, die der Besucher hören wolle, erlebt er dann einen

»liebenswürdigen, redefreudigen Mann von zweiundsechzig Jahren, klein, stämmig, mit schnellen Bewegungen, grauem Schnurrbart, frischem roten Gesicht vom Segeln und welligem braunem Haar, unberührt von jeglichem Grau. Er trug dicke, stark umrandete Brillengläser und zeigte ein entschlossenes, eigensinniges Gesicht mit einem kleinen gespaltenen Kinn«; alles in allem »ein cleverer, aber nicht tiefgründiger Mann, energiegeladen, aber undiszipliniert, intuitiv, aber nicht intellektuell; ein Mann, schwindelig geworden vom Erfolg«.[3]
Was der Interviewer aus dem Norden übersieht, das erkennt in einem anderen Gespräch der französische Publizist Régis Debray: Allende, der Kreole, »ein Chilene durch und durch. Und wenn er nicht dieses Kondensat der chilenischen Geschichte wäre, mit all ihren gelegentlich bestürzenden Kontrasten, dann wäre er sicher nicht in der Lage gewesen, die Mehrheit bei den Präsidentenwahlen auf sich zu vereinen.«[4]
Das Präsidentenamt übernahm Allende »mit einer Würde, die schon hochmütig anmutete, er hatte, wenn er wollte, die bombastischen Gesten eines Volkstribuns und einen charakteristischen Gang, sehr aufrecht, die Brust herausgestreckt und fast auf den Zehenspitzen gehend wie ein Kampfhahn«, schreibt die weltberühmte Schriftstellerin Isabel Allende in ihrem Roman *Paula*.[5] Die Nichte zweiten Grades erinnert sich an den Cousin ihres Vaters als einen »großzügigen und anspruchsvollen Mann«. Auf den ersten Blick, so räumt sie ein, schien er arrogant. »Er war ein Mann verfeinerter Genüsse, er liebte Rassehunde, Kunstgegenstände, elegante Kleidung und starke Frauen. Er achtete sehr auf seine Gesundheit und war zurückhaltend im Essen wie im Alkohol. Seine Feinde verketzerten ihn als Lüstling und führten genau Buch über seine bürgerlichen Neigungen, Liebeleien, sämischledernen Jacken und seidenen Krawatten.«[6]
Im persönlichen Bereich aber, so bezeugt die Poetin des Allende-Clans, »hatte er keine Schwierigkeiten, Zielscheibe von Scherzen zu sein. Auch hatte er häufig Anwandlungen von schlechter Laune, die er ›Allenditis‹ nannte, aber trotzdem trug ihm das niemand nach, weil er sich

schnell und auf sympathische Art entschuldigte. Es war schwer, sich seinem Zauber zu entziehen, dem selbst seine ärgsten Feinde verfielen: Während des Militärputsches wollten die Generäle nicht von Angesicht zu Angesicht mit ihm sprechen, weil – wie es später hieß – ›er sie hätte umdrehen können‹.« Er habe das Urbild eines ehrlichen, offenen Mannes abgegeben, sein übersteigerter Sinn für Freundschaft sei geeignet gewesen, sogar einige politische Gegner zu verführen, sich für seine persönlichen Freunde zu halten. »Er besaß ein ungemeines Verhandlungsgeschick und konnte jede kritische Situation zu seinen Gunsten wenden. Bis zum letzten Moment, noch als Bomben auf die Moneda fielen, erwarteten alle, dass er ein Ass aus dem Ärmel schütteln und die Tragödie in einen Sieg verwandeln würde.«[7]
Für seine politischen Ziele verlangte Allende von sich selbst und seinem Stab das Äußerste. Einer, dem diese Tüchtigkeit besonders zusetzte, war Osvaldo Puccio. »Oft war Allende hart zu mir. Für ihn erschienen Dinge wesentlich, die uns anderen klein und sehr subjektiv vorkamen. Hatte er selbst einen Fehler begangen, hatte er jemanden ungerecht behandelt, so rief er ihn nicht zu sich, um sich zu entschuldigen, sondern er beauftragte ihn mit einer wichtigen Arbeit, durch die der Betreffende in sein Vertrauen gezogen wurde.« In seiner unmittelbaren Arbeitsumgebung bewahrte Allende offenbar immer eine etwas altbürgerlich anmutende Distanz. Seine Mitarbeiter, auch der Sekretär Puccio, nannten ihn nur den Doktor. »Die direkte Kommunikation mit ihm war nicht so einfach wie der Kontakt zwischen ihm und den Massen. Es fiel ihm leichter, zehntausend Menschen etwas zu erklären als einem Einzigen.«[8]

Salvador Isabelino del Sagrado Corazón de Jesús Allende. Geboren am 26. Juni 1908 in Valparaíso. Eingetragen in das Taufregister mit einer Namenskette, wie es sich ein spanischer Grande nicht ausführlicher wünschen kann. Das ist Zeichen für das enorme Traditionsbewusstsein seiner Familie. Spanisch-lateinamerikanischer Sitte zufolge wird auch noch der Name der Mutter angehängt: Salvador Allende Gossens. Die Mutter Laura entstammt wallonischen Einwanderern, die einen strengen Katholizismus pflegen, wenngleich ihr Familienname auf einen jüdischen Hintergrund hinweist.

Die Allendes gehören zum gehobenen Mittelstand. Der Vater verdient sein Geld als Rechtsanwalt und ist häufig unterwegs. Die Mutter hütet das Haus und die Familie. Salvador ist der zweite Sprössling dieses Vornamens, ein erstgeborener Bruder gleichen Namens ist einjährig gestorben. Wohl zur Unterscheidung von dem Erstling wird der zweite Salvador von den Eltern Chicho gerufen – die chilenische Variante von Chico, der Kleine. Der Kosename wird ihn im engeren Freundeskreis durchs ganze Leben begleiten.

Die Kinder wachsen auf im besseren Stadtgebiet von Valparaíso, weitab der Hafensilos und der Armenviertel, der Seefahrerspelunken und der versteckten Bordelle. Aber nicht ohne Kontakt zu Menschen aus den Unterschichten. Man beschäftigt Hausangestellte, Salvador wird sich noch als Präsident mit großer Wärme seines Kindermädchens Mama Rosa erinnern.

Zu Hause hört der Heranwachsende viele Geschichten über die glorreiche Vergangenheit der Familie. Der Vater kann seinen Stammbaum auf katalanische Einwanderer zurückführen, die einst mit Fleiß und einer guten Portion Abenteurergeist in dem jungfräulichen Land an der Pazifikküste Fuß gefasst haben. Viel ist die Rede von einem Urgroßvater Gregorio, der an der Spitze einer Schwadron des Chile-Befreiers O'Higgins ritt, auch von dessen Bruder Ramón, der im Unabhängigkeitskrieg zu Anfang des 19. Jahrhunderts gegen die spanische Kolonialmacht focht. Und von einem anderen Ahnen, Angehöriger der legendären Todeshusaren, einem verwegenen Haufen, der die Pässe in den Anden freihielt für den Einzug des argentinischen Befreiungshelden San Martín und die Verbrüderung mit den Männern von O'Higgins. Drei tapfere Männer aus dem Familienstamm, die an der Gründung des Landes beteiligt waren.

Der Urgroßvater Gregorio ist dann mit einer Tochter aus renommierter Medizinerfamilie eine glückliche Ehe eingegangen, aus welcher der berühmteste unter den Vorfahren Allendes entsprang: Der Arzt Ramón Allende Padín. Dieser, Chichos Großvater, war Mitglied der Radikalen Partei und energischer Verfechter einer Trennung von Kirche und Staat. Wegen seiner roten Haare wurde er der Rote Allende genannt und war auf andere Weise stolz darauf: »Rot, ja, nennen wir es beim Namen, auch wenn es als Schimpfwort benutzt wird. Rot, sage ich, werde ich alle Dinge angehen, die für Weiterkommen und Verbesserung der Bevölkerung stehen.«[9]

Als Mediziner untersuchte dieser Rote Allende die Ursachen der Typhusepidemien unter der armen Bevölkerung und eröffnete das erste Entbindungsheim in Santiago. Ramón Allende war Chef des Sanitätsdienstes im Pazifischen Krieg von 1879 gegen Peru und Bolivien, in dem um den Besitz der heutigen Provinz Arica im Norden Chiles mit ihren reichen Salpetergruben in der Wüste Atacama gekämpft wurde. Ein Geschehen, das von der chilenischen Geschichtsschreibung als Heldensaga beschrieben wird. Isabel Allende sieht das in ihrem Buch *Mein erfundenes Land* anders: »Die chilenischen Soldaten stürmten mit Krummmessern zwischen den Zähnen und aufgepflanzten Bajonetten den Hügel Morro de Arica. Unzählige fielen unter den feindlichen Kugeln oder wurden von Minen zerfetzt, aber nichts konnte die anderen aufhalten, die es bis zu den Wällen schafften und sie im Blutrausch überkletterten. Mit ihren Bajonetten und Messern schlitzten sie den Peruanern die Bäuche auf, ... dann brachten sie die Besiegten um, töteten die Verwundeten und plünderten Arica.«[10]

Chile gewinnt in diesem Krieg im Norden ein großes Gebiet von Peru hinzu, schneidet den Bolivianern den Zugang zum Meer ab und steigt zur Führungsmacht an der lateinamerikanischen Pazifikküste auf. Die Nation ist hochgestimmt. Der heimkehrende Frontmediziner Ramón Allende bleibt Kommandeur des Sanitätsdiensts der Armee, ohne Recht auf Gehalt, wie der Präsident verfügt, und nimmt seinen Parlamentssitz wieder ein. Früh verbraucht vom Krieg, stirbt der erste aktive Politiker aus der Familie Allende im Alter von vierzig Jahren und wird von Ministern, Senatoren, Generälen, Ärzten und

Freimaurern zu Grabe getragen. Ein Kreole reinsten Geblüts, ein Verehrter, dem Einzug gebührt in das Pantheon des Patriotismus.
Derlei Erinnerungsarbeit am Familientisch prägt das familiäre Selbstbewusstsein. Da erwacht womöglich bei Chicho früher Ehrgeiz zu gesellschaftlichem Engagement. Sonntagmorgens, wenn Mutter Laura sich mit den Töchtern Laura und Inés auf der Kirchenbank platziert, eilt der Vater Salvador zu den Freimaurern. Das hat weit zurückreichendere Familientradition. Schon vom Urgroßvater ist die Mitgliedschaft bei den Logenbrüdern bezeugt. Großvater Ramón erreichte in der Ehrenhierarchie die höchste Stufe, den dreiundzwanzigsten Grad, und trug den Titel Serenissimo Gran Maestre. Auch Vater Salvador nennt sich Großmeister. Der Sohn Chicho lauscht bald mit angehaltenem Atem den Erzählungen aus dem geheimnisvollen Männerbund über das kameradschaftliche Zusammenwirken der Logenbrüder, ihre weltlichen Ideale, ihre Grundsätze von Wahrheitsliebe, Duldsamkeit und menschlicher Vervollkommnung. Das muss den Jungen tief beeindruckt haben. Als Zehnjähriger, zu einer Zeit, als ihn die Amme Mama Rosa noch in Matrosenanzüge steckt und seiner wilden Lockenpracht nie Herr wird, träumt er von einem Leben als Gaucho und Freimaurer in Freiheit, Gleichheit und Brüderlichkeit.

Salvador Allende wächst auf in einer Zeit, da die chilenische Hafenstadt Valparaíso in wirtschaftlicher Blüte steht; der Panamakanal ist noch nicht fertig gebaut und die Hochseeschiffe auf den Routen zwischen Europa und der Westküste Amerikas müssen ihren Weg noch um das Kap Hoorn nehmen, woraus die Hafengesellschaften dieser wichtigsten Zwischenstation auf der Südhalbkugel enormen Profit ziehen. Außerdem lässt der Salpeterexport die Geschäfte der Kaufleute gut gehen und versetzt sie in die Lage, viele begehrte europäische Industrieprodukte ins Land zu holen.
Als Kind führt Chicho mit seiner Familie ein städtisches Nomadenleben. Die Angelegenheiten des Rechtsanwalts Salvador Allende Castro erzwingen für die Eltern einen frühen Abschied von Valpa-

raíso. Ab dem dritten Lebensjahr lebt Chicho in der kleinen Stadt Tacna, Zentrum einer landschaftlich öden Provinz, die heute zu Peru gehört. Der Vater begleitet juristisch die Vorbereitungen für eine Volksabstimmung über die Zukunft der Provinz und wird später ein gewichtiges Wort mitzureden haben bei den Verhandlungen über die endgültige Grenzziehung zwischen Peru und Chile.

Von Tacna siedelt die Familie nach Iquique um. Das ist Chiles Ausfuhrhafen für Salpeter. Über Iquique liegt noch die dunkle Erinnerung an das Massaker von 1907. Zweitausend Arbeiter hatten sich mit ihren Angehörigen in einer Schule versammelt, um bessere Entlohnung zu fordern. Die einheimischen Salpeterbarone riefen nach den Carabineros und ließen auf die Aufmüpfigen samt ihren Frauen und Kindern schießen.

Der kostbare Bodenschatz, entstanden aus Meeresablagerungen, geeignet ebenso für die Herstellung von Düngemitteln und Farbstoffen wie für die Gewinnung von Sprengstoff, verliert in diesen Jahren – in Europa tobt der Erste Weltkrieg – seine Bedeutung als wichtigste Devisenquelle des Landes am Pazifik. Denn deutsche Chemiker haben ein Verfahren für die großtechnische Produktion von Ammoniak gefunden, was die Abhängigkeit der Kriegsindustrie von Salpeterimporten deutlich reduziert. Bis dahin haben Engländer, an der Spitze die Liverpool Nitrate Company, das große Geschäft mit den äußerst billigen chilenischen Arbeitskräften gemacht.

Von den Salpeterfeldern wechseln zu dieser Zeit viele Mineros in die Kupfergruben. Das rote Metall Chiles lockt neue Geschäftemacher. An die Stelle der englischen Glücksritter treten nordamerikanische Manager. US-amerikanisches Kapital flutet in das Land, die Londoner Börse bleibt weit hinter dem Horizont zurück. Die Anaconda Copper Mining Company erdrückt, als ob sie ihrem Namen alle Ehre machen will, die kleinen einheimischen Bergbaubetriebe und steigt auf zu einer der größten Kupfergesellschaften der Welt. Die International Telephone & Telegraph Corporation (ITT) erbeutet das Monopol über das chilenische Fernmeldewesen, die chilenische Elektrizitätsgesellschaft, fest in der Hand von US-Kapital, sichert sich eine neunundneunzigjährige Konzession zur Verteilung der Elektrizität von Arica bis Feuerland. Nun betritt Washington das Spielfeld, auf dem die Interessen der Konzerne abgesichert werden. Mit der wirtschaftlichen Umorientierung wechselt auch der politische Hegemonieanspruch.

In der Familie Allende kann man nicht ahnen, dass der achtjährige Chicho, der von Mama Rosa noch mit Kirschkuchen gefüttert wird und von seinem Vater das Reiten lernt, sich dereinst diese US-amerikanischen Gesellschaften zum Todfeind machen wird. Im Jahr 1918, als er zehn Jahre alt ist, geben sie ihn für einige Monate auf das Lyzeum nach Santiago und stellen ihn unter die Obhut des Onkels Ramón Allende Castro, der dort Bürgermeister ist. Dann holen sie den Jungen nach Valdivia, wo der Vater inzwischen eine neue Kanzlei bezogen hat.

Dort, weit südlich der Hauptstadt, nimmt Chicho vermutlich zum ersten Mal deutlicher wahr, in welches soziale Umfeld er hineingeboren worden ist. Seine Kleidung erregt Aufsehen. »Unter den Bauernkindern in Ponchos oder Mehlsäcken ist Salvador der Einzige, der städtisch gekleidet ist und als Regenschutz einen wasserdichten Mantel trägt. Er ist ein eleganter Bursche, die Frauen auf der Straße drehen sich nach seiner blonden Haarpracht um, auf dem Frühlingsfest fährt er mit seiner eigenen Kutsche vor«, berichtet die Allende-Biografin Alejandra Rojas. »Der ›kleine Herr‹ lässt es über sich ergehen. Schließlich braucht die Revolution selbstbewusste Kämpfer, keine schlecht gekleideten.«[11]

Das mit den Frauenblicken mag noch angehen, die hier unterstellte revolutionäre Perspektive gehört zu den üblichen Übertreibungen. Richtig hingegen erscheint die Annahme, dass der junge Allende, nachdem er seines Abiturs wegen nach Valparaíso zurückgekehrt ist, schon eine ausgeprägte Persönlichkeit vorweist, »den gleichen ernsthaften, sich selbst fordernden und etwas steifen Charakter, den er bis zum Ende seiner Tage haben wird. Hinter einem Mantel von

Salvador Allende als junger Bursche

Ironie und Arroganz – und vielleicht gewissen Anflügen von Frivolität – verbirgt sich ein stiller Mann, nachdenklich, weitsichtig und von einer tiefen Einsicht in die soziale Realität.«[12]

Derlei ist nämlich belegt durch Salvador Allendes eigene Erinnerungen. »Als ich ein Junge war, zwischen vierzehn und fünfzehn Jahren«, so erzählt er später einmal den Studenten der mexikanischen Universität Guadalajara, »ging ich in die Werkstatt eines anarchistischen Schuhmachers. Er hieß Juan Demarchi. Er brachte mir das Schachspiel bei, erzählte mir aus dem Leben, lieh mir Bücher. Seine Erklärungen waren wichtig für mich, denn ich hatte keinen Sinn für gründliche Lektüre und er vereinfachte mir die Probleme.«[13]

Der Schuster, eingewanderter Italiener, hält alle Staatsgewalt für ein Übel und ist begeistert über die Nachrichten von der Russischen Revolution. Die Schriften, die er für den jungen Besucher bereithält – das sind Broschüren, verfasst vom Marx-Schwiegersohn Paul Lafargue, dem russischen Anarchisten Michail Bakunin, dem spanischen Sozialisten Pablo Iglesias, dem Gründer der Kommunistischen Partei Chiles, Luis Emilio Recabarren, und manch andere. Das macht Allende vorerst nicht zum Revolutionär, und schon gar nicht zum Anarchisten, aber es schärft wohl seinen Blick für die chilenischen Wirklichkeiten. Für die erbärmlich gekleideten Menschen auf den Straßen der Unterstadt und die Gutbetuchten auf den grünen Hügeln. Lakaien die einen, Ausbeuter die anderen in der Terminologie des Schuhmachers Demarchi.

Mit dem Karrierebewusstsein und Pflichtgefühl, das er von seinen Vorfahren übernommen hat, widmet sich der junge Allende zuerst einmal seiner persönlichen Entwicklung. Auf den Abendgesellschaften seines Onkels in Santiago hat er Jorge Alessandri kennengelernt, Spross einer Aufsteigerfamilie italienischer Herkunft, dessen Vater 1920 zum Präsidenten Chiles gewählt worden war und der es 1958 ebenfalls schaffen wird, diesen politischen Thron zu erklimmen. Im Rückblick bekommen die Geschehnisse mitunter eine merkwürdige Logik. Keine Geringere als Mama Rosa hat später die Legende in die Welt gesetzt, dass dieses Zusammentreffen bei ihrem Chicho einen Präsidentenkomplex ausgelöst habe, den er dann 1970, nach drei vergeblichen Anläufen, endlich befriedigen konnte.

Erst einmal wird der Gymnasiast in den Schülerrat gewählt und besteht sechzehnjährig das Abitur am Lyzeum Eduardo de la Barra mit Auszeichnung. Die Profession scheint erblich vorgegeben. Zur Studienwahl stehen Jura und Medizin. Die Juristerei, mit der sich der Vater herumschlägt, mag ihm zu windig erscheinen; Salvador folgt dem Urgroßvater und Großvater und entscheidet sich für die Arztperspektive.

Gleichsam in einer Art Selbstprüfung meldet er sich erst einmal zum Militärdienst. Die chilenische Armee ist gut im Tritt. Vorbei die Zeiten, da wilde patriotische Tapferkeit und Ruhm verheißender Machostolz den Erben von O'Higgins im Jahre 1879 die verlustreichen Siege über die Peruaner und Bolivianer eingetragen haben. Nach dem Salpeterkrieg hat man den preußischen Offizier Emil Körner als

Berater und Ausbilder ins Land geholt. Nach und nach kamen andere. Deutscher Drillgeist hielt Einzug in die Lehrpläne der Militärakademie. Die chilenischen Soldaten üben nun Stechschritt, tragen Pickelhaube, Knobelbecher und Uniformen mit hochgeschlossenen Kragenknöpfen, die denen der preußischen Truppen im Deutsch-Französischen Krieg zum Verwechseln ähnlich sehen.
Allende, der seit seiner Kindheit reiten kann, kommt zu den Kürassieren. Mit der Disziplin hat er kaum Schwierigkeiten, die Lehrstunden bei Demarchi haben aus ihm keinen antibürgerlichen Rüpel gemacht. Körperlich braucht er sich vor den Härten der morgendlichen Märsche, den eiskalten Duschen und den fleischarmen Suppentöpfen nicht zu scheuen. Er ist von kräftiger Statur und mittlerer Größe, hat die Landesmeisterschaften seiner Jugendklasse im Schwimmen und im Zehnkampf gewonnen, übt sich im Scheibenschießen und erlernt auch noch das Boxen.
Aber die Ödnis im Kavallerieregiment Lanceros – stationiert in Viña del Mar – und die dumpfe Befehlskultur der Unteroffiziere reizen seinen Widerstandsgeist. Dagegen fühlen sich seine Vorgesetzten düpiert von den in ihrem Kasernenmilieu unüblich guten Manieren dieses scheinbar dünkelhaften Rekruten. Gelegenheiten, ihm zu zeigen, wer in der Kaserne die Macht hat, gibt es viele. Wegen Protests gegen eine seiner Meinung nach ungerechte Bestrafung eines Kameraden und ähnlicher Anmaßungen steckt man den jungen Allende mehrmals in Arrest.
Als der Militärdienst überstanden ist, taucht er ein in das Studentenleben von Santiago. Gegen unbezahlte Arbeit in der Psychiatrischen Klinik erhält er freie Logis im Haus der Ärzte, einem Studentenheim, und bewohnt ein Einzelzimmer. Im Erscheinungsbild des Achtzehnjährigen paart sich Herausforderung mit Geschmack. Seine Kommilitonen zerreißen sich die Mäuler über den häufigen Damenbesuch und lästern über seinen hedonistischen Lebensstil. »Es hieß, dass Chicho Allende am Abend, vor dem Zubettgehen, die Laken mit Kölnisch Wasser einsprüht, vor dem Spiegel steht, sich mit großem Bedacht die dreifarbige Schärpe umlegt und in sein Antlitz lacht«, erinnert

sich einer von ihnen.[14] Aber bald lassen sie sich einfangen von seinem Talent, provokative Plädoyers gegen Ungerechtigkeiten zu halten, schlagfertig, charmant und bisweilen urkomisch. Er teilt zudem ihren spätpubertären Weltschmerz. Aber im Unterschied zu manch anderem kann er auch exzellente Studienleistungen vorzeigen. Und er schreibt Gedichte, orientiert sich, wie so viele, die sich für junge literarische Talente halten, an der Landschaftslyrik Pablo Nerudas, dieses aufsteigenden Sterns am chilenischen Poetenhimmel. Das Thema Angustias, Ängste, in Reime gefasst, klingt bei Chicho so:

Beruhige deine verrückten Ängste
Mein armes Herz.
Wenn du spürst, dass dich
Die kalte Tiefe bedrückt
Des ewigen Schnees
Und der Felsen.

Und bis zum unendlichen Meer,
Das kämpft
Allein mit seinen Schmerzen
Und schluchzend ergießt am Strand
Seine Tränenfluten
Und Wellen.[15]

Der redegewandte Kommilitone aus Valparaíso erwirbt sich schnell Autorität in den Seminaren und Studentenclubs. Im Jahr 1927 wählen sie ihn zum Präsidenten der Studentenvereinigung der Medizinischen Fakultät und 1930 zum Vizepräsidenten der Federación de Estudiantes de la Universidad de Chile (FECH), der Chilenischen Studentenvereinigung, und zum Mitglied des Universitätsrates.
Es sind unruhige Zeiten, auf dem Campus demonstriert man gegen das diktatorische Regime des Präsidenten Carlos Ibáñez del Campo. Der Musterstudent schließt sich einer radikalsozialistischen Lerngruppe

an, die marxistische Schriften liest und deren Mitglieder abends ausschwärmen in die Vorstädte, um den Arbeitern Unterricht zu erteilen. Es sind größtenteils Bürgerkinder, die in der verheerenden weltweiten kapitalistischen Wirtschaftskrise am Ende der zwanziger Jahre den Blick für das Elend der Unterschichten gewinnen und radikale Antworten suchen. Rebellische Bürgersöhne, die vorübergehend dem Gerechtigkeitsideal anhängen, das ihnen die Kinderstube und die Literatur beigebracht haben – eine Leidenschaft, die in der Regel so lange anhält, bis die eigenen Karriereinteressen überwiegen und die Integration in die vorgefundenen Gesellschaftsstrukturen sie gelassener werden lässt. Die Gruppe nennt sich Avance, was so viel wie Vormarsch heißt.

Dort findet Salvador Allende seine erste politische Heimat. Er gibt in den Armenvierteln Kurse in Sozialmedizin. Zur gleichen Zeit tritt er auch den Freimaurern bei, die ihren Gerechtigkeitssinn nicht auf der Straße, sondern bei Kulthandlungen in ihren Tempeln ausleben. Für den Nachfahren einer seit Generationen politisch aktiven Familie ist das zugleich eine Art Geisterbeschwörung, eine Besinnung auf die Erzählungen über seinen Großvater Ramón, eine Sehnsucht nach moralischer Stärkung des Atheisten durch männliche Mystik.

Der junge Allende, den sie »Lenin im Anzug«[16] nennen, ist nicht kritiklos auf die Avance-Leute fixiert. Als andere zur Bildung von Sowjets, von Arbeiter- und Soldatenräten, in Chile aufrufen wollen, geht der rhetorisch Begabteste von ihnen nicht mit. Das System der Sowjets, geboren in den Stürmen der russischen Oktoberrevolution von 1917, ist zu diesem Zeitpunkt historisch schon gescheitert. In Deutschland, und zwar in München, und in Ungarn sind Versuche der Nachahmung blutig niedergeschlagen worden, in der Sowjetunion selbst, wo Stalin gerade dabei ist, sein Terrorregime aufzubauen, sind solche basisdemokratischen Illusionen inzwischen zerstoben.

Es war aber wohl weniger eine solche frühe historische Einsicht, die dem Medizinstudenten gebot zu widersprechen. Eher deutet sich hier an, dass der junge Sozialist seine politische Mission legalistisch durchsetzen will, nie anders als im Rahmen der bürgerlich-parlamentarischen Gesetzlichkeit. Um den Preis, dass er missverstanden wird, um den Preis, dass er scheitert. Bei Avance wird er dieser Ansichten wegen rausgeworfen. Dreihundertfünfundneunzig der vierhundert sozialistischen Schwärmer stimmen für den Ausschluss des vermeintlichen Reaktionärs. Nicht wenige von ihnen werden irgendwann die Seiten wechseln und 40 Jahre später erbittert seinen Versuch bekämpfen, als demokratisch gewählter Präsident in Chile Fundamente für eine sozialistische Gesellschaft zu legen.

Jahre der Irrungen

Das politische Klima in Chile zur Studentenzeit Salvador Allendes ist rau. Im Jahre 1931 wankt das Regime des Obersten Carlos Ibáñez del Campo, dieses sonderbaren Diktators, der keiner Partei angehört und sich als Stehaufmännchen chilenischer Machtspiele in der ersten Hälfte des 20. Jahrhunderts hervortut. Sieben Jahre zuvor hat er – an der Spitze einer Militärjunta – die Regierung Arturo Alessandri attackiert und wurde Kriegsminister. Schließlich, im Jahr 1927, ließ er sich selbst zum Präsidenten wählen – ohne Gegenkandidaten. Er wolle die Modernisierung Chiles voranbringen, erklärte er, mit sozialen Prestigeprojekten für die Massen und einer harten Hand für den politischen Gegner. Ibáñez-Gegner werden von der eigens geschaffenen Sonderpolizei bespitzelt und terrorisiert.

Ibáñez hörte es gern, wenn man ihn den »Mussolini Lateinamerikas«[1] nannte. Aber im unterentwickelten Chile der frühen dreißiger Jahre funktioniert das Rezept des italienischen Faschistenführers nicht. Die Weltwirtschaftskrise lähmt die Ökonomie, die Kupferpreise sind in den Keller gefallen, der Kredit des Obristen bei den tonangebenden Oberschichten, der alteingesessenen Landoligarchie, den Handelsmonopolisten und der jungen Industriebourgeoisie ist bald verspielt. Besonders groß ist der Zorn im ruinierten Mittelstand. Aus dessen Nachwuchs formieren sich in diesen Jahren die intellektuellen Wortführer des Widerstands. An der Universität von Santiago flammen Proteste auf. Ibáñez schickt Carabineros und erteilt Schießbefehl. Es liegen Tote auf dem Campus, aber das Hauptgebäude bleibt fest in der Hand der Studenten. Gewerkschafter verbünden sich mit ihnen und rufen den Generalstreik aus. Der selbsternannte Mussolini Lateinamerikas flieht aus der Moneda, aber nicht als gebrochener Mann, sondern als Machtspieler, der die Kräfteverhältnisse im Land wachsam beobachtet. Sein Instinkt sagt ihm, dass sich in Chile ein linkes Spektrum herauszubilden beginnt. Gut ein Jahrzehnt später wird er noch einmal in den Regierungspalast einziehen – da ist er von halbrechts nach halblinks gewechselt.

Zunächst einmal wird der ehemalige Innenminister Juan Esteban Montero zum Präsidenten gewählt, ein Rechtsradikaler, der die Zeichen der Zeit nicht versteht und nach erprobter Ibáñez-Praxis die Repressalien fortsetzt. Als auf den Marinestützpunkten Valparaíso, Coquimbo und Talcahuano die Matrosen gegen eine unmäßige Soldkürzung rebellieren, ihre Offiziere festsetzen, Revolutionskomitees bilden und eine Demokratisierung der Armee fordern, lässt er die auf Reede liegenden Schiffe von Küstenbatterien beschießen und aus der Luft bombardieren. Das geschieht in den ersten Septembertagen des Jahres 1931. Danach ist von 1500 Toten die Rede. Wenige Monate später, im Januar 1932, wird ein Generalstreik der Arbeiterföderation Chiles mit gleicher Brutalität niedergeschlagen.

Den Studentenführer Allende plagen zu dieser Zeit private Sorgen. Sein Vater ist schwer an Diabetes erkrankt, ihm muss ein Bein amputiert werden. Die Notariatskanzlei, notdürftig weitergeführt von der Mutter, wirft nicht mehr genug Geld ab für vier studierende Kinder. Salvador tritt vorübergehend aus der Schusslinie. Der Dreiundzwanzigjährige muss sich sputen mit dem Studium, die Familie braucht ihn. Er wird seine Doktorarbeit in Valparaíso zu Ende bringen müssen, das Menschliche hat Vorrang vor dem Politischen.
Aber leicht wird es nicht, eine Arbeitsstelle zu finden. Viermal bewirbt sich der Jungmediziner um Hilfsarbeit im Hospital von Viña del Mar – vergeblich, denn man will sich auf diesen studentischen Aufrührer nicht einlassen. Beistand erfährt er schließlich aus der Familie. Schwager Eduardo Grove, Arzt in Valparaíso, der verheiratet ist mit Salvadors Schwester Inés, gestattet ihm die Benutzung eines Raumes seiner Praxis. Doch mit dieser Chance kann Salvador nicht erfolgreich umgehen. Gleich seinem Großvater Ramón verschenkt er mehr Medikamente an Arme, als seiner Kasse guttut, und reicht sogar kleine Anleihen aus. Eine verhängnisvolle Familientradition, denn ein hinlängliches Einkommen erzielt man damit nicht. Mit Glück gelingt es ihm schließlich, eine gering dotierte Beschäftigung

als Hilfspathologe im Krankenhaus der Hafenstadt zu ergattern. »Mit meinen Händen«, sagt er später, »habe ich mehr als 1500 Autopsien gemacht, und ich weiß, was es heißt, das Mysterium des Lebens und des Todes zu erkunden.«[2]

Die Mysterien des Lebens beschäftigen ihn freilich ungleich heftiger. Die Zeitgeschichte holt ihn schnell wieder ein, beruflich wie familiär. In Chile der letzten zwanziger und frühen dreißiger Jahre macht ein Berufsoffizier namens Marmaduke Grove Schlagzeilen, der Bruder des Schwagers von Salvador.

Marmaduke Grove hat sich bei der Flotte und Luftwaffe zum Oberst hochgedient, war schon Militärattaché in London und Berlin, überwarf sich aber mit dem Ibáñez-Regime und hat nach Argentinien fliehen müssen. Durch eine spektakuläre Aktion, eines Caudillos würdig, brachte er seinen Namen in aller Munde. Mit einer knallroten einmotorigen Fokker überflog er im August 1928 die Anden und landete in Valparaíso – in der Absicht, die dortige Garnison, in der er einst gedient hatte, zum Aufstand aufzuwiegeln. Carabineros nahmen ihn sofort fest und Ibáñez verbannte ihn auf die Osterinseln, 3500 Kilometer weit weg in den Pazifik. Den Bruder Eduardo deportierten sie gleich mit. Beide sind inzwischen zurück auf dem chilenischen Festland. Don Marma, der kahlköpfige Oberst, hat wieder Zugang zu alten Kameraden gefunden und kommandiert den Luftwaffenstützpunkt El Bosque bei Santiago. Von dort aus agitiert er weiter für soziale Reformen, nunmehr gegen die Regierung Montero. Der neue Präsident verfügt daraufhin Groves Absetzung. Das geschieht am 3. Juni 1932.

Am gleichen Tag erlebt Chile eine Art Operettenputsch. Don Marma, der revolutionäre Militärs um sich versammelt hat, fährt mit einer kleinen Entourage am Regierungspalast in Santiago vor und fordert den Präsidenten zum Rücktritt auf. Montero, ein Mann ohne den Ehrgeiz seines Ziehvaters Ibáñez, gibt bereitwillig auf. In Santiago werden Flugblätter verteilt, auf denen steht: »Morgen beginnt die Sozialistische Republik – auch wenn es regnet.«[3]

Zwölf Tage lang ist die Moneda dann Schauplatz eines politischen Traumspiels, wie es Chile seit den Befreiungskriegen und Caudillozeiten des frühen 19. Jahrhunderts nicht mehr erlebt hat. Das Volk soll sich zufriedenstellend ernähren können, ein Dach über dem Kopf haben und ordentlich gekleidet gehen. Die revolutionäre Junta untersagt der Volkssparkasse Caja de Crédito Popular die weitere Pfändung von Kleidungsstücken und Werkzeugen – eine der skandalösesten Anordnungen aus der Ibáñez-Zeit ist damit aufgehoben. Die uniformierten Romantiker haben einen Zivilisten zur Hand, den Rektor der Universität Santiago, Eugenio Matte, der für sie alle gewünschten Gesetze unterschreibt. Dem Entwicklungsministerium obliegt es, innerhalb von drei Tagen einen »Plan zur Verstaatlichung der Republik«[4] auszuarbeiten.

Aber schon nach einer Woche wankt die Front der Erneuerer. Einer der ihren, Carlos Dávila, der unter Ibáñez Botschafter in Washington gewesen war, bekommt Streit mit den anderen und wird ausgeschlossen. Am zwölften Tag des sozialistischen Traums putscht Dávila gegen Grove. Er regiert die Republik noch hundert Tage und wird dann seinerseits von einem General namens Bartolomé Blanche aus dem Amt gefegt. Dieser übergibt dem Vorsitzenden des Obersten Gerichtshofs die Macht, Wahlen werden ausgeschrieben. Als das Jahr 1932 zu Ende geht, residiert Arturo Alessandri wieder in der Moneda und verspricht ein Reformprogramm, das er nicht einhalten wird. In den Oberschicht-Villen von Santiago, in den Cafés, wo sich die Regierungsbeamten treffen, in den Chefetagen der Kupferkonzerne, in den Herrenhäusern der Latifundien atmet man auf. Von Sozialismus ist keine Rede mehr.

Jedoch bleibt das possenhafte sozialistische Zwischenspiel nicht ohne Langzeitfolgen für die politische Entwicklung des Landes. Denn in Valparaíso hat sich der ehemalige Studentenführer Salvador Allende mit Leidenschaft für die sozialistische Republik eingesetzt. Manche Erlasse der Zwölf-Tage-Republik, die zu annullieren die Nachfolger versäumen, werden ihm vier Jahrzehnte später, als dieser Juristen-

sohn und Arzt aus Valparaíso selbst in der Moneda regiert, noch zugutekommen, als es nämlich darum geht, große Teile der Industrie auch ohne parlamentarische Zustimmung zu verstaatlichen.
Vorerst aber bekommt dem politischen Neuling das Engagement für Groves Experiment nicht. Als er nach der Zerschlagung der Junta eine flammende Rede vor den Jurastudenten in Valparaíso hält, steckt ihn ein Militärgericht ins Gefängnis, gemeinsam mit Bruder Alfredo und Schwager Eduardo Grove. Unterdessen ringt der schwerkranke Vater Salvador in Viña del Mar mit dem Tode. Die Söhne erwirken Freigang. »Ich konnte nur einige Worte mit ihm wechseln«, erinnert sich Allende vier Jahrzehnte später. »Er sagte meinem Bruder und mir, dass er uns den unbefleckten Namen eines ehrlichen Mannes hinterlasse. Und das sei mehr als materielle Güter. Am nächsten Tag starb er. An seinem Grab habe ich gelobt, mich dem Kampf für die Freiheit des Volkes, für die soziale Befreiung der Notleidenden zu widmen. Ich glaube, dass ich mein Gelübde gehalten habe.«[5]

Mag sein, dass die Umstände dieses Abschieds den Vierundzwanzigjährigen bewogen haben, persönlichen Schmerz mit solchem Pathos zu verbinden. Der Mediziner steht an einem Scheideweg. Halbherzig arbeitet er immer noch nachts als Hilfsanatom im städtischen Leichenschauhaus. Hoffnungen auf eine gut gehende eigene Praxis kann er sich kaum machen – dem steht seine soziale Gesinnung im Wege, die keinen Unternehmergeist zulässt. Das nötige Startkapital fehlt ihm ohnehin. So gibt er wenig später erst einmal eine sozialmedizinische Zeitschrift heraus, die ihm nichts einbringt außer Schulterklopfen von Kollegen. Der Arztberuf, sosehr er ihn erstrebt hat, wird nicht seine Zukunft sein. Stattdessen entdeckt er seine Leidenschaft für die Politik.
Eilig stellt Salvador Allende in diesen Monaten seine Doktorarbeit fertig. Er arbeitet über das Thema *Mentale Hygiene und Kriminalität.* Auf 165 Seiten setzt er sich auseinander mit den Hintergrundfaktoren Alkohol, Drogen, Krankheiten im sozialen Umfeld. Das ist ein zeit-

nahes und zugleich höchst riskantes Unterfangen. Santiago und andere Städte ächzen unter den überquellenden Massenunterkünften, den sogenannten Conventillos, die an der Asozialität vieler ihrer Bewohner fast ersticken. Die chilenische Lebenserwartung liegt bei dreißig Jahren, das ist kaum die Hälfte der europäischen.

Seit mehr als drei Jahrzehnten gilt Trunkenheit als kriminelles Delikt. Aber dieses Gesetz zeigt kaum Wirkung. Der junge Allende will neue Überlegungen einbringen. Erschüttert von seinen Erlebnissen im Leichenschauhaus, lässt er sich auf sozialbiologische Gedankengänge ein, wonach Geisteskrankheiten und schwerer Alkoholismus erblich belastet sein können. Für solche Fälle erwägt er Zwangssterilisierungen – eine Ansicht, die damals in der Medizin verbreitet war, und in manchen Ländern, darunter in Schweden und in einigen Bundesstaaten der USA, sogar praktiziert wurde. Von den Ideologen des deutschen Faschismus werden solche medizinischen Verirrungen später als Rechtfertigung für die massenhaften Euthanasie-Morde missbraucht.

Der junge Allende kann davon in den Jahren 1931 und 1932 nichts wissen, aber die Dissertationsschrift muss vier Jahrzehnte nach seinem Tod für eine Diffamierungskampagne herhalten. Víctor Farías, Lehrkraft an der Freien Universität Berlin und zu Zeiten der Präsidentschaft Allendes in Chile einer seiner linksradikalen Widersacher, zog die verstaubte Dissertationsschrift aus dem Archiv der Medizinischen Fakultät in Santiago hervor und bezichtigte den Verfasser der Euthanasie und – was noch infamer ist – des Rassismus und Antisemitismus.

Tatsächlich spricht Allende an einer Stelle seiner Arbeit von Juden, Roma, Nomadenvölkern, Arabern und auch Spaniern und Süditalienern, die aufgrund der Unverträglichkeit des Klimas nicht fähig seien, ein moralisches Gewissen zu erlangen. Der verhängnisvollste Satz lautet: »Die Hebräer sind durch verschiedene Verbrechensformen gekennzeichnet: Betrug, Falschheit und vor allem Wucher.«[6] Doch der Gedankengang stammt gar nicht von Allende. Urheber ist der schon

1909 verstorbene italienische Anthropologe Cesare Lombroso. Gleiche Sätze stehen in dessen 1902 erschienenen Buch *Die Ursachen und Bekämpfung des Verbrechens.*

Die Promotionsschrift ist kein Glanzstück auf der Leistungsskala des jungen Mannes aus Valparaíso. Allende, mit Kopf und Seele schon halb weg von der Medizin und gewechselt ins politische Kampfgetümmel, hat da sträflich schlampig gearbeitet. Keine Anführungszeichen, keine Quellenangaben, keine Distanzierung, abgesehen von einigen verstreuten Anmerkungen, das eben »jede Gesellschaft ihre Verbrecher und ihre höchsten Menschen formt«.[7]

Doch der Doktorand kommt damit durch. Von Rassismus und Antisemitismus lässt er niemals und zu keiner Zeit in seinem öffentlichen Wirken auch nur eine Spur erkennen. Seinen Doktortitel jedoch wird er noch reichlich gebrauchen können in der politischen Karriere, die er nun anstrebt.

Am Scheideweg

Die Versprengten des zwölftägigen Moneda-Abenteuers versammeln sich mit anderen sozialistischen Gruppen und gründen am 19. April 1933 die Sozialistische Partei. Zu ihrem Vorsitzenden wählen sie keinen Geringeren als den Haudegen Marmaduke Grove.

Von dieser Gründungsversammlung ist ein Foto erhalten. Hinter einem massiven Schreibtisch präsentieren sich siebenundzwanzig sehr bürgerlich gekleidete Krawattenträger, sitzend und stehend, mit einem der Würde des Augenblicks angemessenen Ernst in den Gesichtern. Es könnte sich auch um das Erinnerungsbild einer Freimaurerloge handeln. In der hinteren Reihe, unter großen Wandbuchstaben PS, dominierend in der Mitte und die anderen überragend, überdies ohne Jackett und im weißen Hemd mit Krawatte, den Blick leicht an der Kamera vorbei gerichtet, steht der junge Arzt Dr. Salvador Allende. Man hat ihn zum Sekretär für Valparaíso bestimmt. Die Haltung verrät Sendungsbewusstsein, obwohl es noch Zeit braucht, bis er sich in der Parteiführung durchsetzen wird.

Von der sozialistischen Republik ist nur die Idee geblieben, die weiter in den Köpfen linksintellektueller Anwälte, Ärzte, Lehrer, Offiziere, Studenten und Arbeiter Chiles schwelt. Der sozialistische Gedanke geht auch in Chile immer mehr um. Soziale Ansprüche, die in Europa seit den letzten Jahrzehnten des 19. Jahrhunderts laut wurden, färben ab auf die südlichen Einwandererländer Lateinamerikas. Die Versammelten verstehen sich als Marxisten. Der eine oder andere mag auch schon das *Kommunistische Manifest* gelesen oder *Das Kapital* aufgeschlagen haben. Sie sehen sich in Chile mit einer Welt krassester sozialer Widersprüche konfrontiert, stimmen auch klassenkämpferische Töne an. Ihr Leitbild finden sie weder bei den sozialdemokratischen noch bei den kommunistischen Parteien in Europa. Den bürgerlichen Staat wollen sie parlamentarisch gründlich umkrempeln, marxistisch-leninistische Begriffe wie den von der Diktatur des Proletariats vermeiden sie jedoch. Ihre Vision: Revolution durch Reformen.

Gründungsversammlung der Sozialistischen Partei am 19. April 1933

Im Besitz der eigentlichen revolutionären Idee wähnen sich in Chile schon andere: die elf Jahre zuvor gegründete Kommunistische Partei. Ihr Führer Luis Emilio Recabarren, ein Salpeterarbeiter und ursprünglich Anarchist, gab seit 1912 eine Art Flugblatt mit dem Titel *El Despertar de los Trabajadores* (Das Erwachen der Werktätigen) heraus. Im Parlament hatte er schon 1906 einen Skandal ausgelöst, als er den Schwur auf die Bibel und den Kuss auf das Kruzifix verweigerte. Seine Anhängerschaft kam aus der Tiefe der Gesellschaft. Dort trug man keinen feinen Zwirn, sondern eher abgeschabte Joppen und hin und wieder auch den indianischen Poncho.

Schon nach dem ersten Ibáñez-Putsch im Jahr 1925 wurde die Kommunistische Partei verboten, viele ihrer Führer wurden auf abgelegene Pazifikinseln verbannt. Verschont blieb nur eine abgespaltene Gruppe, die dem Mussolini-Kurs des Demagogen und Autokraten Tribut zu zollen bereit war. Die Illegalen bleiben aber überall aktiv, wo sich sozialer und politischer Widerstand ankündigt, in den Kupferminen ebenso wie in den Kasernen. Doch eine wirkliche Führerschaft gelingt ihnen nicht. Wohl auch deshalb, weil ihnen die Errichtung einer Sowjetmacht nach russischem Vorbild vorschwebt. Mit solchen Plänen dringen sie bei den geplagten Volksmassen nicht durch.

Die Gründer der Sozialistischen Partei hingegen suchen nach einem angemesseneren Rezept für Chile. Im Marxismus sehen sie die »Methode zur Erklärung der Wirklichkeit«,[1] der Klassenkampf sei der »Motor der Geschichte«. So steht es in ihrer Deklaration. Sie geben die Idee von der sozialistischen Republik nicht verloren, obwohl ihr unumstrittener Führer Marmaduke Grove bei den Präsidentenwahlen im Herbst 1932 weit abgeschlagen landete. Ihre Hoffnungen reichen sogar weit über die Grenzen Chiles hinaus. »Die sozialistische Doktrin hat internationalen Charakter und fordert Solidarität und koordinierte Aktionen der Werktätigen in der ganzen Welt. Indem sich die Sozialistische Partei für die Verwirklichung dieser Forderungen einsetzt, strebt sie die wirtschaftliche und politische Einheit des Kontinents an, die ihre Verkörperung in einer Föderation der sozialistischen Republiken und in der Schaffung einer antiimperialistischen Wirtschaft finden muss.«[2]

Solchen allgemeinen Grundsätzen können in dieser neuen, bunt zusammengewürfelten Partei alle zustimmen: die Romantiker vom Typ Don Marmas ebenso wie die kleinbürgerlichen Radikalisten, die sozialen Reformer ebenso wie die Ultralinken. Über den Umgang mit den chilenischen Kommunisten sind sie sich jedoch noch nicht einig. Es gibt Gegner wie Befürworter einer Zusammenarbeit. Der junge Regionalsekretär Allende gehört zu den Letzteren.

Präsident Arturo Alessandri, der Interessenverwalter des oligarchischen und bourgeoisen Establishments, setzt gegen die Linken in Chile nun auch zivilen Terror ein. Schon unter Ibáñez hatten sich die republikanischen Milizen formiert. Inzwischen werden sie auf 50000 Mann geschätzt. Alessandri selbst ist aktives Mitglied und ermächtigt sie, die Legitimität seiner Regierung zu verteidigen. Die Kommandeure sind zumeist Söhne von Gutsbesitzern und Fabrikanten, die Schläger werden aus den Unterschichten rekrutiert. Ihre Waffen beziehen die Paramilitärs aus den Arsenalen der Armee. Sie terrorisieren Streikende, aufbegehrende Landarbeiter, Studentenversammlungen, Büros der Kommunistischen Partei, Sozialeinrichtungen der Gewerkschaften – alles, was in der chilenischen Oberschicht als marxistisches Gefahrenpotenzial gefürchtet wird. Vom Ausland her intrigiert unterdessen der gestürzte, aber in seinem Machthunger noch lange nicht erschöpfte General Ibáñez.

In diesen chaotischen Zeiten etabliert sich in dem Land an der Pazifikküste eine weitere Partei, die sich als neuer Ordnungsfaktor anbietet. Sie beruft sich offen auf das Vorbild der in Deutschland zur Macht gekommenen Nazibewegung und nennt sich nach deutschem Vorbild Nationalsozialistische Partei Chiles. Das Sagen haben dort vor allem Chilenen deutscher Abstammung. Zunächst halten sie ihre Zusammenkünfte noch in Zivilkleidung ab. Als die Truppen Nazideutschlands in Europa den Zweiten Weltkrieg eröffnen, marschieren die chilenischen Adepten mit braunen Uniformen, Hakenkreuzfahnen und dem Hitlergruß durch Santiago. Ihr Führer Jorge González von Marées trägt zudem die Uniform der republikanischen Milizen.

Die Sozialisten wehren sich frühzeitig, indem sie eine eigene Miliz aufstellen, um Kundgebungen und Streikende zu beschützen. Salvador Allende übernimmt das Kommando der sozialistischen Miliz in Valparaíso. Er und seine Leute ziehen sich damit den Hass des rechtsbürgerlichen Establishments zu. Im Offizierskorps hat man nur Verachtung übrig »für diese Individuen, die Khakiuniformen trugen und eine nach links hängende Mütze. Uns blieb nach diesem Kontakt mit den Sozialisten das Bild von Taschendieben im Gedächtnis.«[3] So jedenfalls die Erinnerung eines jungen Militärs, der zu dieser Zeit an der Kriegsakademie lehrte und bei seinen Vorträgen auch gern aus der Zeitschrift *Ejército-Marina-Aviación* zitiert, einer spanischsprachigen Publikation des in Hitlerdeutschland gleichgeschalteten Ibero-Amerikanischen Instituts. Sein Name: Augusto Pinochet.

Die Regierung Alessandri fürchtet unterdessen, nicht mehr Herr der Lage zu bleiben gegen die Streikenden in der Industrie, gegen die Landarbeiter, die mit Gewaltaktionen ihre Löhne einfordern, und gegen die rebellierenden indianischen Bauern. Dreimal in den nächsten Jahren erlebt Chile neue Massaker: 1934 bei einem Aufstand der Mapuche-Indianer in Ranquil, im Januar 1935 bei einem landesweiten Streik von 18000 Bahnarbeitern und im Juli 1935 bei einem Bauernaufstand in der südlichen Provinz Cautín. Jedes Mal fließt Blut. Todeszahlen werden genannt, die in die Tausende gehen. Allein in Cautín sind es dreihundertundsechzig Opfer.
Um die Herde des Aufruhrs einzudämmen, verhängt Alessandri, genannt der Löwe, den Kriegszustand. Kommunisten und Sozialisten werden gleichermaßen Repressalien ausgesetzt. Den sozialistischen Milizenchef von Valparaíso verbannen die Behörden in den öden kleinen Hafen Caldera, 850 Kilometer nördlich von Santiago, vielleicht in der stillen Hoffnung, dass der Siebenundzwanzigjährige seinen Weltschmerz dem Meer anvertraue und nach einer angemessenen Weile geläutert zurückkehre.
Das Gegenteil geschieht. Allende entschließt sich, in Caldera als Arzt zu arbeiten. Medizinische Betreuung haben die Bewohner dringend nötig. Viele von ihnen haben keine Existenzgrundlage mehr, seit das Kupfer aus dem nahen Copiapó auf anderen Wegen verschickt wird. Der Fischfang ernährt sie mehr schlecht als recht. Als Arzt hat Allende genügend Kontakt und genügend Schutz, um eine halblegale Ortsgruppe der Sozialistischen Partei aufzubauen. Er kann sogar in einem Schulgebäude Seminare über chilenische Politik abhalten. Die lokalen Behörden sehen diskret weg. Selbst der örtliche Armeekommandeur zieht es vor, in Frieden mit diesem Philanthropen zu leben. »Der Doktor Allende versorgt die Bevölkerung medizinisch, die ihm für diese patriotische Tat dankbar ist«, erklärt er einem Reporter der Zeitung *Mercurio*. »Wir lassen uns hier gegenseitig in Ruhe und kommen daher wunderbar miteinander aus.«[4]

Ende 1935 darf Allende von Copiapó nach Valparaíso zurückkehren. Ein letztes Mal schwankt der Bürgersohn in seiner Berufsentscheidung: Arzt oder Politiker. In seinen Mußestunden schreibt er an einem Buch, *La Realidad Médico-Social Chilena* (Die medizinisch-soziale Wirklichkeit Chiles). Darin listet er auf, dass in Chile jedes zwanzigste Kind tot zur Welt kommt, jedes zehnte innerhalb des ersten Lebensmonats stirbt, jedes zweite bis zum neunten Lebensjahr.
Was die Tabellen und Statistiken anbetrifft, werden ihm von der Fachwelt manche Ungenauigkeiten nachgesagt. Mit einigen Fakten gehe er zu salopp um – er arbeitet nachlässig, wie schon bei seiner Dissertationsarbeit. Die Kritik trifft ihn, aber er schützt sich mit seiner Motivation. Es kommt ihm auf die Schlussfolgerungen, auf das Aufdecken der sozialen Misere und der tiefliegenden sozialmedizinischen Ursachen an. Er ist, das wird hier nun klar, weniger für den Arztberuf als vielmehr für das Politikerleben geboren.
Bei den Nachwahlen zum Abgeordnetenhaus im Jahr 1937 – das chilenische Parlament besteht aus zwei Kammern, dem Senat und dem Abgeordnetenhaus – nominiert die Sozialistische Partei den Neunundzwanzigjährigen als Kandidaten für die Verwaltungsbezirke von Valparaíso und von Quillota, einer Industriestadt 25 Kilometer nordöstlich. Anders als der inzwischen zum Senator aufgestiegene Marmaduke Grove gewinnt der Redner Allende seine Zuhörer nicht durch populistischen Schwung, sondern durch die nachdrückliche und ernsthafte Art, wie er ihre Probleme analysiert. Seine Terminologie weicht ab von der Groves. Sie ist stärker marxistisch geprägt. Er spielt oft mit dem Begriffspaar Ricos – Rotos: auf der einen Seite die Reichen, auf der anderen Seite die Zerlumpten, die Kaputten. Im chilenischen Spanisch ist Rotos ein Synonym für Proletarier. Allendes Sympathiebonus bei den Armen wird überdies aufgewertet durch den Eindruck von Selbstlosigkeit. Da ist einer, der auf eine schnellen sozialen Aufstieg ermöglichende Arztkarriere verzichtet und stattdessen den nicht ungefährlichen Weg geht, die Interessen auch der kleinen und kleinsten Leute mutig und öffentlich zu vertreten.

Allende bringt einen ganz eigenen Stil in die politische Agitation der chilenischen Linken. Er verstellt sich nicht und biedert sich nicht an. »Wo einige an die ›Massen‹ denken«, so schreibt Alejandra Rojas, »sieht Salvador erschöpfte Frauen, unterernährte Kinder, Männer, die ihre Hand wie nach dem letzten Strohhalm ausgestreckt halten. Er geht aufs Land, verliert sich in den verschlungenen Gassen, geht in den weit verstreuten Gehöften ein und aus. Wie in seiner Jugend taucht er ein in die Traurigkeit Valparaísos, nimmt die Gegensätze wahr, doch diesmal ist er nicht auf der Suche nach dem Rat des alten Demarchi. Schreck, Schmerz und Ohnmacht verwahrt er für zurückgezogene Momente. Während er im Wahlkampf steckt, trägt er das Lächeln im Gesicht und zeigt sich als ein Mann, der Antworten zu bieten weiß. Es ist nicht einfach für ihn, jeder Kontakt zum Volk verwandelt sich in eine übernommene Verpflichtung.«[5] Der junge Sozialist kokettiert auch nicht mit den möglichen Entsagungen, die sich ein Mann bürgerlicher Herkunft für diesen selbstgewählten Weg aufbürdet. »Das Gefängnis oder die Verbannung sind unvermeidbare Dinge für einen wahren Politiker, sind Anfangsriten, Arbeitsunfälle. Für ihn, der die Verpflichtung im Blute trägt, ist dies nur eine Geisel des auferlegten Engagements.«[6]

Aus Europa empfängt die Generation junger Chilenen, die sich in den dreißiger Jahren neue Zukunftsvisionen sucht, Impulse der widersprüchlichsten Art. Deutschland befindet sich im Griff des Hitlerfaschismus – das ist für die einen eine Horrornachricht, für andere eher der Anlass zu Gedankenspielen. Immerhin ist in so weiter Entfernung die Kriegsgefahr kaum wahrnehmbar. Sofern es sich um eine Konfrontation mit den imperialen Großmächten Großbritannien und USA handelt, erscheint diese Entwicklung sogar willkommen. Chiles Wirtschaft zieht manchen Vorteil aus der nostalgischen Nähe eines großen Teils seiner deutschen Einwanderer zu der alten Heimat.
Auch Spanien gerät ins Blickfeld dieser Generation. Seit 1931 gibt es dort eine junge Republik, in der die Kräfteverhältnisse noch nicht

ausbalanciert sind und die Ordnungsrufer scheinbar patriotische Lösungen anzubieten haben. Im Spektrum der chilenischen Studentenbewegungen erscheint eine Gruppierung namens Falange, die sich an der gleichnamigen Partei in Spanien orientiert, gegründet mit dem Plan, Wirtschafts- und Bodenreformen einzuleiten, aber auch mit dem Anspruch auf autoritäre Führerschaft. Die Falange-Studenten wollen sich vom Kreis der konservativen Partei lösen und ahnen nicht, dass sie einem Trugbild aufsitzen. Als in Spanien General Franco putscht und das Land in einen grausamen Bürgerkrieg stürzt, schlagen sich dort die Falangisten auf die Seite des Faschistengenerals. Die chilenischen Falangisten wenden sich von ihrem spanischen Vorbild ab und formulieren ihr eigenes Reformprogramm. Einer ihrer Führer in den späten dreißiger Jahren ist Radomiro Tomic, der später eine Schlüsselrolle bei der Entscheidung für die Präsidentschaft Salvador Allendes spielen wird.

In einigen europäischen Ländern geht in diesen Jahren die Idee der Volksfront um, der Gedanke von einem Bündnis linker Parteien, vom Zusammenwirken proletarischer und bürgerlicher Kräfte gegen die grassierende faschistische Gefahr. Die erste Volksfrontbewegung entsteht 1935 in Frankreich, der folgt die Frente Popular in Spanien. In der Moskauer Zentrale der Komintern, der von sowjetischer Seite dominierten Kommunistischen Internationale, fördert man diese Bündnisgedanken mit der Kalkulation, so ein Übergreifen des faschistischen Bazillus auf andere Länder abzuwehren. Der Hitler-Stalin-Pakt von 1939 macht dieser hoffnungsvollen Idee dann ein jähes Ende.

Chile ist das dritte Land gewesen, in dem sich in den dreißiger Jahren ein linkes Kräftebündnis zur Frente Popular erklärte, freilich nicht ohne frühe Querelen um die Frage, wem die Führerschaft zukomme. Grove scheint die besten Voraussetzungen mitzubringen in diesem Bündnis von Demokraten, Sozialisten, Kommunisten und Radikalen, aber er kann sich nicht durchsetzen. Allende bleibt noch im Hintergrund, er hat Zeit, den Hergang und den Ausgang der politischen Hahnenkämpfe zu beobachten.

Für die im Jahr 1938 anstehenden Präsidentenwahlen einigt sich die Frente Popular auf den gemeinsamen Kandidaten Pedro Aguirre Cerda. Das soziale Angebot an das Volk ist ernst gemeint: Brot, ein Dach über dem Kopf und Kleidung. So ernst, dass die Rechten warnen, ein Sieg der Volksfront sei gleichzusetzen mit einer blutigen Tyrannei. Die Marxisten, so wettern sie, spekulierten nur auf den dummen Bürger. Der Kandidat der Rechten, Alessandris Finanzminister und Wunschnachfolger, der Bankier Gustavo Ross, warnt vor drohendem rotem Terror, Schließung der Kirchen, Umwandlung Chiles in eine Kolonie Moskaus und lässt sich zu der Bemerkung hinreißen: »Es gibt im Volk nicht die Sehnsucht, den Lebensstandard zu erhöhen, sondern nur die Sehnsucht nach größerer Verschwendung in den Bars, den Kantinen, den Tavernen.«[7]

Auch Ibáñez kandidiert wieder. Wenige Tage vor den Wahlen ermuntert er den Naziführer González, der Volksfront mit einem Putsch den Weg an die Macht abzuschneiden. Aber er rechnet nicht mit der brutalen Antwort des Löwen Alessandri. Der Staatsstreich scheitert, sechzig Beteiligte werden erschossen. González wird verhaftet, Ibáñez muss seine Kandidatur zurückziehen und flieht. Alessandri frohlockt, denn er verspricht sich von diesem Zwischenspiel einen Vorteil für seinen Wunschnachfolger Ross. Aber für diesen reicht es dann nicht. Aguirre Cerda, der gemäßigte Radikale, kommt durch, mit einer knappen Mehrheit von wenigen Tausend Stimmen. So etabliert sich in dem Land jenseits der Anden kurz vor Ausbruch des Zweiten Weltkriegs in Europa tatsächlich eine Volksfrontregierung.

Minister im Abseits

Am 25. Januar 1939, die Abendschatten liegen schon über dem Zentrum von Santiago, sitzt der Freimaurer Salvador Allende mit seinen Logenbrüdern beim Ritual im Tempel, als plötzlich der Boden unter ihnen rumpelt. Alle erkennen sofort: Das ist ein Erdbeben. Die Stöße fühlen sich gemäßigt an, die Panik hält sich in Grenzen, denn beinahe jeden Tag klirren in irgendeinem Teil dieses vulkanischen Landes die Fensterscheiben und schaukeln die Zimmerlampen. Noch weiß niemand in Santiago, dass an diesem Abend der Süden des Landes von einem der schwersten Erdbeben in der Geschichte Chiles erschüttert worden ist. Vorsichtshalber laufen die Leute auf die Straßen. Allende ohnehin, denn zu den wenigen Dingen im Leben, die ihm Angst einflößen, gehören diese Erdbeben. An dem benachbarten Kino Santa Lucia ist eine Markise herabgefallen. Salvador geht hin, um sich den Schaden zu besehen. Auch aus dem nahen Filmtheater strömen die Leute auf die Straße. Er trifft einen Bekannten und dessen Ehefrau. Freundschaftlich begrüßt man sich. Für die beiden ist er Chicho. Begleitet wird das Paar von einer jungen Schönheit. Man stellt sie Salvador vor: Hortensia Bussi, genannt Tencha.

Salvador hält den Atem an. Ihm ist, als habe die Erde sich zärtlich gedreht. Kein Gedanke mehr an die Folgen des Bebens. Keine Neugier mehr auf die Bauschäden. Der geübte Charmeur kann den Blick von dieser stillen, überaus anmutigen jungen Frau nicht lassen. Er lädt sie ein in ein kleines Café am Teatro Municipal.

Chicho ist an diesem Katastrophentag der großen Liebe seines Lebens begegnet. Die Lehrerin der Geschichte und Geografie, Tochter eines italienischen Seemanns und einer Chilenin, vierundzwanzig Jahre alt, wird seine treue Gefährtin – über alle politische Unbill hinweg und trotz der anhaltenden Untreue, die man ihm in den nächsten Jahren nachsagen wird.

Frauengeschichten sind Allendes heimliche Schwäche. Eine seiner Affären hätte beinahe tödlich für ihn geendet. Sie spielt sich im Jahr

1952 ab. Salvador liefert sich mit dem Senator Raúl Rettig ein Redegefecht und in der Hitze des Streits beschließen beide, sich zu duellieren. Laut Allendes Freund Carlos Jorquera ging es weniger um einen politischen Meinungsstreit als vielmehr um eine Frau. Die Streithähne treffen sich außerhalb der Stadt in Macul Alto. »Sie waren bereit, für ihre Ehre ihr Leben zu lassen, doch glücklicherweise war das nicht nötig, da beide schlechte Schützen waren«, erinnert sich die Nichte Isabel. Die Duellanten benutzen altertümliche Pistolen. »Die Kugel von Chicho verschwand irgendwo in der Landschaft, die von Rettig verfehlte nur knapp ihr Ziel. Sie hätte die Geschichte ändern können«, spöttelt Jorquera.[1]

Schon bald beziehen Tencha und Chicho ein kleines Appartement am Rande der Altstadt von Santiago. Keine Selbstverständlichkeit für ein junges Paar im katholischen Chile des Jahres 1939. Die Wohnung stopfen sie bis zur Decke voll mit Büchern, Zeitschriften und Bildern. Am Ende des Jahres heiraten sie. Ohne kirchliche Trauung und ohne große Gesellschaft. Es ist keine Zeit für große Fiestas.

Salvador Allende, der studierte Mediziner, steht jetzt mit beiden Füßen fest im politischen Leben. Nachdem die Ausmaße des Bebens zwischen Chillán und Concepción deutlich geworden sind, gründet die neue Regierung eine Förderungsgesellschaft, um den Wiederaufbau zu koordinieren. Mehr als 25 000 Tote sind zu beklagen. Brigaden von Freiwilligen beteiligen sich an den Aufräumarbeiten und an der Bekämpfung der Seuchengefahr. Die örtlichen Behörden sind weitgehend hilflos, aber die Volksfrontregierung will zeigen, dass sie es ernst meint mit ihrer Sozialpolitik und einer nationalen Besinnung auf die Kräfte des Volkes.

Der Neuling auf der Abgeordnetenbank beginnt sein parlamentarisches Leben mit einer merkwürdigen Bitte an den Präsidenten der Abgeordnetenkammer. Die siebzehn sozialistischen Abgeordneten wollen nicht gleichzeitig mit den Vertretern der anderen Parteien ihren Schwur leisten. Sie möchten das erst am nächsten Tag tun, um sich gegen die anderen von Anfang an deutlich abzugrenzen. Die Sozialisten verstehen sich offenbar als echte Alternative.

Noch zeigt sich Allende in den Parlamentsdebatten etwas steif, benutzt häufig die verschrobene Rhetorik alter, gestandener Senatoren, spricht, wenn er auf die Nöte des Volkes verweisen will, von »dem unbekannten Mann und der ignorierten Frau«.[2] Er bringt im Parlament mehrere Gesetzesinitiativen zur Gesundheits- und Sozialpolitik ein. Sein politisches Talent fällt dem gewählten Präsidenten Aguirre schnell auf. Als eine Regierungsumbildung ansteht, überantwortet er dem jungen Mediziner aus Valparaíso das Amt des Gesundheitsministers. Der Einunddreißigjährige avanciert zu einem der jüngsten Minister in der Geschichte Chiles. In der Sozialistischen Partei ist er inzwischen zum stellvertretenden Generalsekretär aufgestiegen. Aguirre, der dem Vater Allendes als Radikaler ebenso wie als Freimaurer freundschaftlich verbunden war, nennt den Neuen in der Regierung familiär Chicho. Für diesen bleibt der ehemalige Volksschullehrer im Präsidentenamt, der doppelt so alt ist wie er, schlicht Don Pedro.

Als sozialistischer Minister entwirft Allende sogleich ein Programm für Mutterschutz und Schulpflicht. Er unterbreitet dem Kongress ein Gesetz zur Sozialversicherung und müht sich um die Schaffung eines Nationalen Gesundheitsdienstes, der dem ärmeren Teil der Millionen Chilenen, vor allem der Landbevölkerung, medizinische Betreuung zusichern soll. Witwen und Waisen verspricht er Renten, und Schulräte sollen dafür sorgen, dass jedem chilenischen Schulkind ein Frühstück garantiert wird.

Bald zeigen sich Erfolge. In den Nordregionen Tarapacá und Antofagasta wird zum ersten Mal mit dem Aufbau eines Netzes von medizinischen Einrichtungen begonnen. Für schwangere Arbeiterinnen bringt Allende ein Gesetz durch, das ihnen ab dem fünften Monat finanzielle Unterstützung gewährt. Davon profitieren fortan jedes Jahr mehr als 300 000 Frauen. Das Parlament billigt ein Gesetz zur Bildung eines Medizinischen Kolloquiums, das für die Verbesserung der materiellen Lage der Ärzte zuständig ist.

Andere Initiativen des jungen Ministers scheitern. So eine Vorlage, wonach die nationalen Reichtümer Chiles vor ausländischer Ausbeutung geschützt werden sollten. Und eine weitere, die auf mehr Rechte für die Arbeiter und die Demokratisierung des Staatssystems zielte. Auch Allendes Vorstoß zur staatlichen Förderung der Körperkultur findet bei den Parlamentsabgeordneten keine Mehrheit.
In dieser Zeit erscheint endlich Allendes Buch *La Realidad Médico-Social Chilena*. Jedermann kann nachlesen, wie die politische Gedankenwelt des jungen Allende immer mehr um die Ausmerzung des sozialen Elends und die Hebung des Volkswohlstands kreist. Mit einem wirtschaftlichen Konzept kann der Autor das allerdings nicht untersetzen. Die Nationalisierung der Bodenschätze und der wichtigsten Industrien des Landes erscheint nur phantomhaft am politischen Horizont dieser Zeit.
Unsinnig ist der zwanzig Jahre nach Allendes Tod lancierte Vorwurf, der Gesundheitsminister habe, orientiert an seiner Doktorarbeit und im Zusammenhang mit seinen Attacken gegen den Alkoholmissbrauch, auch ein Programm zur Sterilisierung Geisteskranker entwickelt. »Tatsächlich aber«, so recherchierte die *Neue Zürcher Zeitung*, »sagte Allende nur, dass er die Abfassung eines Gesetzentwurfs zur Sterilisierung Geisteskranker überprüfe – nachdem er sich zuvor ausführlich zu dem von ihm verantworteten neuen Sozialprogramm geäußerte hatte.«[3] Den Irrweg hat der promovierte Mediziner, als er politische Macht besaß, nie betreten.

Die Volksfrontregierung dieser Jahre bleibt Episode. Ihre Gesetzesinitiativen füllen viel Papier und viele Intellektuellendiskussionen, für den ärmeren Teil der Bevölkerung gewinnen sie kaum Realitätswert. In der Sozialistischen Partei kommt Streit auf. Das Bündnis mit den Kommunisten wird von Teilen der Mitglieder infrage gestellt. Wortführer der Gegner ist der Generalsekretär Oscar Schnake. Die Kommunisten haben schlechte Karten, weil sich die von der Sowjetunion dominierte Kommunistische Internationale inzwischen wegen

des Hitler-Stalin-Paktes von der Volksfrontidee verabschiedet hat. So kann der Innenminister Arturo Olavarría von den Radikalen im Jahr 1941 sogar unangefochten das Erscheinen der kommunistischen Parteizeitung *El Siglo* verbieten.
Unterdessen versucht Ibáñez wieder in der chilenischen Politik Fuß zu fassen. Zuerst mit einem Putsch, dann als Kandidat für die Präsidentschaftswahlen. Aguirre ist während seiner Amtszeit gestorben, und den Rechten kommt Ibáñez als mögliche Antwort auf die Volksfront gerade recht.
Dies wiederum ist ein durchgreifendes Motiv, das die Parteigänger einer Volksfrontpolitik in Chile im dritten Jahr des Zweiten Weltkriegs noch einmal aneinanderkittet. Radikale, Kommunisten, Linkssozialisten, Falangisten und sogar die Anhänger Alessandris sind imstande, sich auf den gemäßigten Radikalen Juan Antonio Ríos zu einigen. Doch dieser vergisst, kaum dass man ihm die Präsidentenschärpe umgelegt hat, fast alle seine Versprechen zur Fortsetzung der Volksfrontpolitik. So sieht Salvador Allende, ein leidenschaftlicher Verfechter dieses linken Bündnisses, keinen politischen Spielraum mehr in seinem Ministeramt und tritt im April 1942 zurück.
Das ist kein Rückzug, sondern der Wechsel auf eine neue Startposition. Allende arbeitet als Direktor der Sozialbehörde und wird Generalsekretär der Sozialistischen Partei. Tencha, die an verschiedenen Schulen Aushilfsstunden gibt und schließlich eine Stellung als Bibliothekarin findet, bringt zwischen 1941 und 1945 drei Töchter zur Welt: Carmen Paz, Beatrix und María Isabel. Ihr Familienleben ordnen sie nach hergebrachter bürgerlicher Art. Eine Beteiligung Tenchas an seiner politischen Arbeit lässt Chicho nicht zu. Sie gehen viel spazieren auf den Hügel San Cristóbal vor der Stadt, treffen sich zum Picknick mit Verwandtschaft aus der Großfamilie, Allende führt dabei gern zwei große Hunde mit, wie sich die andere Isabel, die Nichte und spätere Schriftstellerin, erinnert. Und als die Mädchen ein Stück gewachsen sind, fahren sie mit ihnen übers Wochenende oft ans Meer. Der Familienvater versucht sich mit Leidenschaft, aber ohne viel Ge-

schick als Segler. Später erwerben sie ein Ferienhaus in Algorrobo, wo Salvador mit Freunden ganze Nächte lang in Diskussionen und beim Schachspiel verbringt.
Unterdessen bereitet sich Allende auf den nächsten Wahlkampf für den Kongress vor, bei dem er nicht im heimatlichen Valparaíso zu kandidieren gedenkt, sondern im 9. Wahlbezirk im Süden von Chile. Er bereist zunächst die Provinzen Osorno, Valdivia und Llanquihue, wo er kaum Chancen hat, Stimmen zu gewinnen. Das ändert sich erst in den rauen Regionen weiter südlich, wo die Landarbeiter auf den großen Estancias zu dieser Zeit noch in halbfeudaler Abhängigkeit leben. Dort ist es üblich, dass Grundherren ihre Güter von Verwaltern beaufsichtigen lassen, während sie selbst in Santiago oder den nobleren Küstenorten wohnen, ausgedehnte Aufenthalte in Buenos Aires oder sogar Europa im Lebensstil inbegriffen.
Die Schafzucht gilt als wichtigster Wirtschaftszweig. Zur Schlachtzeit wechseln die Landarbeiter in die großen Kühlhäuser. Aber nicht die Fleischproduktion bringt den eigentlichen Gewinn. »Wenn man damals irgendwo auf der Reise Hunger bekam«, so erinnerte sich Allendes späterer Wahlkampfbegleiter und Sekretär Osvaldo Puccio, »dann konnte man unterwegs selbst ein Schaf töten und essen. Zu einem Delikt wurde das erst, wenn man sich das Fell mitnahm. Hängte man es aber über einen Pfahl, galt das nur als Mundraub. Im Gegensatz zum Fleisch war die Wolle sehr teuer.«[4]
In der Region von Magallanes, südlich von Punta Arenas bis Feuerland, erwirbt der Sozialist aus Santiago mit dem bürgerlichen Habitus das Vertrauen der armen, einfachen, stark indianisch geprägten Bevölkerung. Ab 1945 sitzt er als Senator für die Sozialisten im Kongress. Als Einziger seiner Partei. Dort trifft er zum ersten Mal persönlich auf den Mann, der im 20. Jahrhundert als bedeutendster Dichter in die Geschichte Chiles eingegangen ist, auf Pablo Neruda. Neruda hat seinen Senatssitz im Norden gewonnen, und zwar mit ähnlich scharfsichtigen Argumentationen zur sozialen Frage in einem Gebiet, wo der Bergbau den Menschen die Lebenskraft in einer Weise raubt,

dass sie kaum älter als fünfunddreißig Jahre werden. Allerdings für eine andere Partei. Für die Kommunisten.
Allende verehrt Pablo Neruda seit früher Jugend. Der vier Jahre Ältere ist Sohn eines Lokomotivführers und einer Lehrerin aus Temuco. Im Jahr 1924, noch als Student der Pädagogik, trat er mit dem selbstfinanzierten Gedichtband *Zwanzig Liebesgedichte und ein Lied der Verzweiflung* zum ersten Mal an die Öffentlichkeit. Er ging nach Europa und lebte in Madrid, als dort der Putsch des Generals Franco das Land in den Bürgerkrieg stürzte. Mit knapper Not konnte er nach Paris entkommen. 1939 organisierte er für Hunderte spanische Republikaner die Flucht nach Chile.
Salvador Allende, auf vielerlei Weise in die Solidarität für die spanischen Flüchtlinge eingebunden, sieht in Neruda einen Gleichgesinnten. Beide Senatoren können freilich, als sie sich im Kongress von Santiago treffen, noch nicht ahnen, dass sich ihre politischen Lebenspfade 25 Jahre später, als Neruda schon Weltruhm genießt, noch einmal unter dramatischen Umständen kreuzen und dass sie am Ende von den gleichen Feinden in den Tod getrieben werden.
Der Rückhalt, auf den sich der Senator Allende gern stützen möchte, ist nicht stabil. In seiner Partei bleibt Toleranz gegenüber den Kommunisten umstritten. Als 1946 Präsident Ríos zurücktritt, gezeichnet von der Krebskrankheit, formieren sich die Linken und Radikalen zwar noch einmal zu einem Wahlbündnis für den Radikalen Gabriel González Videla und kommen damit durch.
González ernennt drei kommunistische Minister, aber es ist die Zeit nach dem Zweiten Weltkrieg, da die Anti-Hitler-Koalition zerfällt und der Kalte Krieg zwischen dem von den USA geführten westlichen Lager und dem von der Sowjetunion dominierten Ostblock die Weltpolitik zu bestimmen beginnt. In den südamerikanischen Ländern, nach damaligem Sprachgebrauch der Hinterhof der USA, erzeugt das innenpolitischen Druck. 1947 erzwingt Washington von den lateinamerikanischen Regierungen die Unterschrift für einen Vertrag über die Verteidigung der westlichen Hemisphäre. Da will sich der Op-

portunist González nicht wankelmütig zeigen und reitet auf der antikommunistischen Welle mit. 1947 erlässt er das Gesetz zur Ständigen Verteidigung der Demokratie, genannt Ley Maldita, das verfluchte Gesetz, welches die Kommunistische Partei, und damit auch Neruda, in die Illegalität treibt.

Aus dieser Zeit datieren auch die ersten Ansätze einer direkten Einmischung Washingtons in die chilenische Innenpolitik. Die Botschaft in Santiago will sich nicht mehr auf die Instrumentarien des diplomatischen Drucks allein beschränken. Im Geheimen und mit Unterstützung von CIA-Agenten fördert sie den Aufbau einer militanten Organisation mit dem Namen Antikommunistische Aktion Chiles, abgekürzt ACHA, was im mündlichen Spanisch auch als Beil verstanden werden kann.

Salvador Allende bekämpft heftig das González-Gesetz und bekommt dabei Streit mit den Antikommunisten in der eigenen Partei. Er weiß eine Mehrheit hinter sich, verlässt mit diesen Gesinnungsgenossen die Sozialistische Partei und gründet die Sozialistische Volkspartei. Das ist ein Schritt, der eigentlich nicht in sein auf Verständigung der Linken gerichtetes politisches Denken passt, was er in Gesprächen mit Freunden bald auch selbstkritisch reflektiert. Den Präsidenten González aber nennt er konsequent einen Verräter.

Ungeachtet der Risiken reist der Senator Allende nach Pisagua im Norden Chiles, wo mehr als 2000 Oppositionelle, vor allem Kommunisten, gefangen gehalten werden. In diesem Konzentrationslager trifft er auf einen Kommandanten, der gar nicht daran denkt, den Kontrollbesuch eines Senators ernst zu nehmen. Dieser, es ist Augusto Pinochet, beschreibt die Szene später in dem Buch *El día decisivo* (Der entscheidende Tag) so: »Es entbrannte eine heftige Diskussion zwischen den Polizeikräften und den Kongressabgeordneten, die als Argument angaben, den ›Zustand der Gefangenen‹ kennenlernen zu wollen. Nachdem sie darauf bestanden, auch ohne Erlaubnis weiterzugehen, machte man sie darauf aufmerksam, dass man dann gegebenenfalls schießen würde.«[5]

Chilenische Wechselspiele

Die Allendes, denen die Politik keine ruhigen Tage mehr lässt, wechseln nun ihr Standquartier. Die Wohnung am Rande der Altstadt ist zu klein geworden für eine Familie mit drei lebensdurstigen Töchtern. Sie ziehen um nach Providencia, in einen der besseren Stadtteile von Santiago. Die schmale Straße heißt Guardia Vieja, Alte Wache, benannt nach einem schmachtenden alten Tango. Es gibt dort keinen Autoverkehr, dem Erscheinen unangemeldeter Besucher lässt sich gut vorbeugen. Das zweistöckige Haus hat eine Terrasse und einen Garten, wo Tencha Schonung suchen kann, denn sie ist an Tuberkulose erkrankt. Der Doktor, wie ihn auch das Hauspersonal nennt, bezieht sein Arbeitszimmer im Erdgeschoss gleich neben der Küche und dem Esszimmer. Dort wird sein eigentliches Zuhause bleiben, auch später, wenn er aus Repräsentationspflicht seinen offiziellen Wohnsitz in der Präsidentenvilla in der Avenida Tomás Moro nehmen muss.
Chiles Linke erlebt seit den dreißiger Jahren immer wieder Ausgründungen und Neugründungen und Wiederverschmelzungen von Parteien. An Namensgebung und Programmen sind sie für den Außenstehenden meist gar nicht deutlich zu unterscheiden.
Zeitweilig ist auch Allende nicht davon ausgenommen. Er ist nun lange genug im parlamentarischen Betrieb, um zu erkennen, das ein Senatorenposten, dessen er sich bei seiner wachsenden Popularität sicher sein kann, kein ausreichendes Instrumentarium bereithält, politisch ernsthaft mitzubestimmen. Im Parlament werden viele nutzlose Wortgefechte geführt, die nur für kurzlebige Schlagzeilen herhalten. Selbst die Minister haben wenig Spielraum, um sich zu profilieren, wie er aus eigener Erfahrung weiß. Die Verfassung schreibt die eigentliche Entscheidungsbefugnis dem Präsidenten zu. Nur wer auf diesem Thron sitzt, kann dem Land spürbare politische Impulse geben.
Die Sozialisten sind die größte Kraft aufseiten der Linken, aber Allende ist der Einzige, den die Partei bei den letzten Wahlen als Senator durchgebracht hat. Die kommunistischen Wähler sind durch

das Verbot ihrer Partei irritiert, von den Jüngeren neigen viele in ihrer Wut eher zu terroristischen Plänen als zu Hoffnungen auf den nächsten demokratischen Wahlgang.
Das sind keine sehr ermutigenden Voraussetzungen, dennoch trifft der nun über Vierzigjährige den Entschluss, im Jahr 1952 für das Präsidentenamt zu kandidieren. In Chile herrschen Inflation, Arbeitslosigkeit und Massenarmut, er baut darauf, dass die ungezählten Unzufriedenen in ihm den Mann erkennen, der ihren Anspruch auf soziale Neuerungen am besten vertreten kann.
Kurz vor den Wahlen ist Carlos Ibáñez del Campo erneut auf der Bildfläche erschienen, schon fünfundsiebzigjährig, aber noch rüstig und stramm militärisch. Nur spielt er nicht mehr den Mussolini der Neuen Welt, denn mit seinem Idol hat es in Italien ein schlimmes Ende genommen. Der alte Caudillo orientiert sich jetzt lieber an Juan Perón, dem populistischen Präsidenten im Nachbarland Argentinien, dem die Descamisados, die Hemdlosen, in den Vorstädten und Elendsvierteln zujubeln, weil er so glanzvoll mit ihren Hoffnungen auf eine bessere Zukunft zu jonglieren und ihre Stimmen einzusammeln versteht.
Diese Strategie macht sich auch Ibáñez del Campo zu eigen. Er verspricht Bodenzuteilungen an die Bauern, staatliche Kontrolle des Kupferbergbaus und sogar den Schutz Chiles vor dem Imperialismus. Selbstredend sollen González' Ley Maldita aufgehoben und die demokratischen Freiheiten wieder eingeführt werden. Anstelle des Säbels führt der Exgeneral jetzt als Symbol einen Besen, mit dem er alle Übel hinwegfegen wolle. Es ist das Blendwerk eines Mannes, der dem chilenischen Mittelstand und der Oberschicht inzwischen als Ordnungshüter aus den goldenen zwanziger Jahren legendenhaft in Erinnerung ist.
Dem hat der Senator Allende nicht viel mehr entgegenzusetzen als seine Reden im Kongress. Schon gar nicht einen Wahlkampfapparat, der diese Bezeichnung verdient hätte. Das Geld für den Wahlkampf muss er sich zum Teil zusammenborgen. Von der bürgerlichen Presse

wird er ignoriert. Als Kandidat der Linken findet er nicht einmal in der eigenen Partei entschlossene Unterstützung. Mancher in der Führungsmannschaft fühlt sein sozialpolitisches Engagement bei Ibáñez besser aufgehoben und will dessen Kandidatur unterstützen.

Allende ist darüber erschrocken. Mit einem Hauch von Reue verlässt er die Sozialistische Volkspartei und kehrt zur Sozialistischen Partei zurück. Zusammen mit der illegal arbeitenden Kommunistischen Partei gründet er die Frente del Pueblo, die Front des Volkes. Er macht vier Werbereisen durch das Land, begleitet von Volodia Teitelboim, einem Freund aus der Studentenzeit, der die Politische Kommission der Kommunistischen Partei leitet, in den vierziger Jahren in Pisagua einsaß und nun Generalsekretär der Front des Volkes ist.

Allende entfaltet sein ganzes Redetalent bei den Mineros in den Salpetergruben des Nordens, bei den Viehtreibern des Südens, in abgelegenen Gebirgssiedlungen und gottverlassenen Fischerdörfern. »Wir waren nur eine kleine Gruppe«, erinnert sich Teitelboim, »und Salvador wusste, dass er bei den Wahlen nicht siegen würde, aber es war eine Saat für die Zukunft.«[1]

Am Ende fallen dem Bündnis nur 51957 Stimmen zu, weniger als seinerzeit der verbannte Marmaduke Grove bekam. Ibáñez erzielt 446439, das Achteinhalbfache. Ein Ergebnis, das die Außenseiter erschüttert, aber nicht umwirft. Viele Chilenen, die zu Allende stehen, konnten ihm ihre Stimme gar nicht geben, denn im damaligen Chile dürfen die Analphabeten nicht wählen. Im Volkshaus, der schon vom Zahn der Zeit beschädigten Wahlkampfzentrale der Sozialisten im Zentrum von Santiago, steigt der Wahlverlierer auf einen Tisch und ruft seine Genossen auf, Haltung zu bewahren: »Wenn die Welt in sieben Tagen erschaffen wurde, so wird der Sozialismus nicht in sieben Tagen aufgebaut werden. Die Welt ist die Imperfektion, der Sozialismus aber ist die Perfektion.«[2] Als er die Tränen der anderen sieht, fügt er hinzu: »Genossen, das sind keine Tränen der Niederlage, sondern Tränen der Ohnmacht. Aber ein Mann, der an das Volk glaubt, darf niemals aus Ohnmacht weinen.«[3]

Der Abgeschlagene sieht keinen Anlass zur Resignation. Er wird die Sache das nächste Mal bedachter angehen, aber er wird seine Grundlinie nicht ändern. Und er wird sein Ziel nicht aus den Augen verlieren: den Moneda-Palast. Erst einmal entwickelt er eine rege publizistische Tätigkeit, besucht 1954 die Sowjetunion und die Volksrepublik China und erläutert dort die sozialistischen Intentionen seiner im Ausland noch weithin unbekannten Bewegung, die er in Chile zur Regierungsmacht führen will. Sein Kernthema sind die wirtschaftlichen und sozialen Verhältnisse in Chile. Dem Lateinamerika-Korrespondenten der Moskauer *Prawda* gegenüber beschreibt er die wirtschaftliche Misere als die eines Landes, das seiner Bodenschätze nicht Herr ist. Vier Fünftel des Kupferbergbaus befinden sich in den fünfziger Jahren im Besitz US-amerikanischer Monopole. Seit dem Zweiten Weltkrieg erreicht die Produktion 480000 Tonnen, ein Viertel des Weltbedarfs, aber die Verarbeitung zu Raffinatkupfer und Kupfererzeugnissen erfolgt nach wie vor im Ausland. Die Monopole haben es somit in der Hand, die Kupferpreise zu diktieren, ohne sich von dem Förderland hineinreden zu lassen. Um das Eisen, den Salpeter und den Schwefel steht es nicht besser. Das Militärabkommen mit den USA hindert die Chilenen überdies, ihr Kupfer in die Länder des Ostblocks zu verkaufen – das Buntmetall gilt als heiße strategische Ware und steht auf der Embargoliste. Was die Landwirtschaft betrifft, so belegt Allende die halbfeudalen Eigentumsverhältnisse mit einem Zahlenvergleich: Weniger als 2000 Großgrundbesitzer beherrschen 87 Prozent des Bodens, die Landarbeiter leben unter den miserabelsten Bedingungen, ein Teil des fruchtbaren Bodens wird gar nicht genutzt. Chile muss 20 Prozent seines Lebensmittelbedarfs einführen.

Aus dieser Analyse leitet Allende seinen Auftrag für einen nationalen Befreiungskampf ab, wie er dem *Prawda*-Korrespondenten weiter mitteilt: »Die Volksfront ist eine zutiefst patriotische Bewegung, darauf gerichtet, für die politische und wirtschaftliche Befreiung unseres Landes zu kämpfen. Es ist keine vorübergehende, keine zeitweilige

Vereinigung der Kräfte des Volkes. Vielmehr ist es eine ständige Organisation, in der jede Partei unter Wahrung ihrer Unabhängigkeit eine feierliche Verpflichtung gegenüber dem chilenischen Volk übernommen hat.«[4]

Als Knochengerüst der Volksfront bezeichnet der Marxist die Arbeiterklasse, um sie herumgruppiert sieht er »die Bauern und die progressiven Landbesitzer, die Frauen und die Jugend, Angestellte und Handwerker, Lehrer und Intellektuelle, Professoren, Kaufleute und Industrielle«, jedermann in Chile, dem »die nationalen Interessen teuer sind«.[5]

Sendungsbewusstsein und ein leichtes Pathos schwingen mit in den Schilderungen über den aktuellen Stand der Volksfront-Bewegung. »In dieser ganzen Zeit haben wir in der Presse, in Arbeiterzentren, in öffentlichen Versammlungen und im Radio unsere Arbeit und die Tätigkeit der Parlamentsgruppe erläutert. Wir sind überzeugt, dass wir dem Volk im vollen Gefühl der Verantwortung eine zwar schwere, aber patriotische Aufgabe gestellt haben, die in unserem Kampf gegen den Imperialismus und die feudale Oligarchie erfüllt werden muss. Unsere Reihen werden mit jedem Tag stärker. In allen Teilen unserer Heimat gibt es Tausende und Abertausende von Landsleuten, auf die sich die Volksfront in ihrem Kampf für nationale Unabhängigkeit stützt.«[6]

In diesem *Prawda*-Artikel finden sich keine der nach damaligem Moskauer Presseritus eigentlich zu erwartenden Elogen auf den sowjetischen Sozialismus. Stalin ist gerade erst ein Jahr tot, Allende hält sich mit Lob auf die Vorbildrolle der Sowjetunion kühl zurück, er lässt aber auch keine Kritik hören. Allende ist kein Lenin-Adept, Revolution ist für ihn kein Gewaltakt, sondern ein Reformprozess. Er will das Proletariat auf demokratischem Wege zu seinen Rechten kommen lassen, die Formel von der Diktatur des Proletariats greift niemals Raum in seinen politischen Denkvorstellungen, auch später nicht. Allende hält die »Einigung der Parteien der Arbeiterklasse für den Dreh- und Angelpunkt der Revolution«,[7] in seinem Vokabular ist kein Platz für Ausgrenzungen, für Trotzkismus-Beschuldigungen oder für das Gerede vom Sektierertum. Er ist durch und durch ein Vereiniger, einer, der alle linken Kräfte bündeln will, das sähe der Präsidentschaftskandidat gern auch weltpolitisch.

Seinen Gastgebern in Moskau und Peking kann Allende versichern: Die Volksfront setzt sich ein für die Wiederaufnahme diplomatischer Beziehungen Chiles zur Sowjetunion, die in der Anfangsphase des Kalten Kriegs abgebrochen worden sind, auch zu der damals noch vom Westen und den Vereinten Nationen verfemten Volksrepublik China und zu den osteuropäischen Ländern – ein Postulat, dem man selbst in chilenischen Wirtschaftskreisen zustimmen kann.

Eher beiläufig bezieht sich Allende auf die dramatischen Ereignisse dieses Jahres 1954 in Guatemala. Dort hatte eine gewählte linksbürgerliche Regierung unter dem Präsidenten Jacobo Arbenz Guzmán versucht, eine Bodenreform einzuleiten und sich damit die tödliche Feindschaft des US-amerikanischen Bananenkonzerns United Fruit, genannt das Grüne Ungeheuer, zugezogen: Die Antwort hieß Söldnerinvasion mit Unterstützung der CIA, Militärputsch und Rekonstruktion der alten Macht- und Ausbeutungsverhältnisse. Allende spricht vom moralischen Beistand der Volksfront für die guatemaltekischen Reformer, er hat jedoch nicht die Fantasie, sich vorzustellen, dass in seinem Land Jahrzehnte später von den rechten und proimperialistischen Kräften in ähnlicher Weise verfahren wird, als es gilt, die in- und ausländischen Wirtschaftsinteressen vor Nachteilen durch die sozialen Ambitionen seiner Regierung zu bewahren.

Der Mittvierziger pflegt in diesen Jahren große Hoffnungen auf Umwälzungen auch in anderen Ländern Lateinamerikas, auf Synergieeffekte für seine eigenen patriotischen Bemühungen in Chile. Zu seinen Freunden zählt er den gleichaltrigen Rómulo Betancourt, Gründer der Acción Democrática in seiner Heimat Venezuela. Diese bürgerliche Massenpartei gelangte 1945 im Bündnis mit den Kommunisten nach einem Staatsstreich liberaler Militärs an die Macht, ver-

einigte bei den Wahlen 1947 mehr als zwei Drittel der Stimmen auf sich, wurde aber 1948 durch einen Putsch rechter Militärs gestürzt. Ruhelos irrlichtert Betancourt seither durch Lateinamerika, organisiert den Zusammenhalt exilierter Venezolaner in Costa Rica, Puerto Rico und Mexiko, überlebt in der damals von dem Diktator Rafael Trujillo beherrschten Dominikanischen Republik nur knapp einen Attentatsversuch, und wohnt zeitweise auch in Santiago de Chile, in der Nachbarschaft von Salvador Allende, wo die beiden Sportfreunde in ihrer Freizeit miteinander Boxkämpfe austragen.
Ein anderer Gesinnungsfreund ist der Peruaner Víctor Raúl Haya de la Torre, dreizehn Jahre älter, Gründer der linksbürgerlichen Apristen-Bewegung, die an die Stelle der seit Kolonialzeiten herrschenden Oligarchie eine sozialistische Elite setzen will, universelle Demokratie für Peru fordert, Agrarreformen, gleiche Rechte für die Indios und Bekämpfung des US-Imperialismus. Der Peruaner hat Gefängnishaft, Ausweisung und Exil erlitten, kann sich Mitte der fünfziger Jahre aber wieder frei in seiner Heimat bewegen. Möglich, dass Allende auch von Haya de la Torres autoritärem Führungsstil nicht ganz unbeeindruckt ist – er selbst muss sich ja immer noch als linke Leitfigur in Chile durchsetzen –, nicht gefallen kann ihm das Taktieren des Apristen mit den Konservativen auf dem Weg zu der erhofften Macht. Für Allende gilt genau das Gegenteil: Volkseinheit gegen Oligarchie, Machtgewinn durch eigene Mehrheiten.

Zurückgekehrt von seinen Reisen, ist Allende entschlossen, bei den Präsidentenwahlen für 1958 mit größerer Schubkraft anzutreten. Die Umstände erscheinen günstig. Ibáñez hat keines seiner Wahlversprechen gehalten. Das rhetorische Feuerwerk ist abgebrannt, ohne dass sich die Verhältnisse in Chile verbessert hätten, die Wählerschaft ist wie nach einer misslungenen Fiesta auseinandergelaufen. Ibáñez hat sich auch physisch überschätzt. Sein Erinnerungsvermögen spielt ihm schon manchen Streich. Angesprochen in einer Kabinettsitzung von einem seiner Minister auf die Erarbeitung eines Entwurfs zur Annullierung des Ley Maldita, das die Nation spaltet, weiß er schon gar nicht mehr, um welches Gesetz es sich handelt. Im Frühjahr 1957 flackern Unruhen auf. Die Carabineros schießen in eine Demonstration von Arbeitern und Studenten, es gibt einen Toten, und in den nächsten Stunden gleicht das Zentrum von Santiago einem Hexenkessel. Kriminelle nutzen die Gelegenheit zum Plündern. Die Ibáñez-Regierung verhängt den Ausnahmezustand.

Der kraftvolle und von jedermann persönlichen Einsatz fordernde Sozialistenführer Salvador Allende erarbeitet sich unterdessen mit einem kleinen Kreis eine neue Wahlkampfstrategie. Der wichtigste Mann an seiner Seite ist Salomón Corbalán, Generalsekretär, seit die Volkspartei 1957 zu den Sozialisten zurückgekehrt ist. Allendes persönlicher Mitarbeiter Osvaldo Puccio sagt über diesen Mann, er sei »kultiviert, ein wirklicher Marxist«.[8] Er ist einer der wenigen, die sich erlauben, Allende zu duzen.

Bei einem Abendessen im Hause Puccio unterbreitet Allende seinen Genossen die Idee von einem Präsidentschaftskonvent des Volkes. Er will nicht nur Parteien und Organisationen für eine solche Massenversammlung interessieren, sondern auch Parteilose aus den verschiedenen Berufsgruppen, die Leute aus den Mittelschichten und die Intellektuellen. Erst soll das Programm stehen, dann könne über den gemeinsamen Kandidaten entschieden werden. Allende will sich noch nicht einmal darauf festlegen, dass dies ein Mann aus der Volksfront sein müsse.

Das Programm wird gestützt auf vier Grundpfeiler: Bodenreform, Nationalisierung des Bergbaus und der Eisenindustrie, Kontrolle über die Banken und Schaffung eines sozialen Marktsektors. Es verlangt die Umverteilung des Nationaleinkommens und die Erleichterung des Zugangs zu den Hochschulen. »Im Grunde legte es uns rasch auf einen sozialistischen Weg fest«, urteilt Puccio später. »Es war wesentlich radikaler als das von 1970.«[9]

Der Konvent kommt tatsächlich zustande. Fast 1800 Chilenen aus allen Bevölkerungsgruppen versammeln sich in Santiago. Die Plenarsitzungen finden auf dem Gelände des Nationalkongresses statt, die Kommissionssitzungen in verschiedenen Parteigebäuden und in der Universität. Für die Finanzierung sorgt Francisco Cuervas McKenna, Präsident der Nationalen Bergbaugesellschaft, eines eher rechtsgerichteten Unternehmerverbandes. McKenna möchte selbst Präsident werden und glaubt, sich so die Stimmen der Linken zu sichern. Gekürt aus einem Kreis von sechs Anwärtern, siegt dann aber im zweiten Wahlgang mit überwältigender Mehrheit Salvador Allende.

Damit beginnt der volle Ernst des Wahlkampfes um das Präsidentenamt in Chile für die Jahre 1958 bis 1964. Im rechten Spektrum weiß man: Mit Ibáñez ist kein Staat mehr zu machen. Und so taucht ein alter Name mit neuem Gesicht als vermeintlich unabhängiger Kandidat auf: Jorge Alessandri, Sohn von Arturo Alessandri, Bankier mit Kontrollrechten bei 36 Aktien- und Versicherungsgesellschaften. Der Kandidat ist parteilos und spielt wie sein Vater den aufrechten und unbestechlichen Patrioten, wird jedoch gefördert von den Konservativen und den Oligarchen, genannt die Mumien. Allende und er kennen sich aus der Studentenbewegung. Allende stand links, Alessandri rechts. Die Rechten sähen Alessandri gern als Erbfolger im höchsten Staats- und Regierungsamt, als den jungen Löwen.

Aber Jorge Alessandri hat kein Charisma wie sein Vater Arturo, und er wirkt wenig überzeugend, obwohl ihm Presse, Rundfunk und Fernsehen dienstbar sind. Er redet viel von demokratischer Freiheit, Bekämpfung von Inflation, Hebung des Lebensstandards und unabhängiger Außenpolitik. Als Trumpf hat er das Gespenst des Marxismus im Ärmel. Die neue Vokabel ersetzt den Begriff Kommunismus und zielt direkt auf den Sozialisten Allende.

Da erscheint auch noch eine neue Partei: die Partido Demócrata Christiano (PDC) mit dem Anwalt Eduardo Frei, Nachkomme eines österreichischen Einwanderers, an der Spitze. Der Christdemokrat Frei denkt klassenübergreifend, er sucht auch Sympathie bei den Linken, fordert die Abschaffung des Schandgesetzes. Er predigt eine harmonische »kommunitare«[10] Gesellschaft und will die Oberschichten überzeu-

gen, dass man die kommunistische Gefahr nicht so sehr durch Verfolgung und Verbote bannen könne, sondern vielmehr durch Reformen, die geeignet seien, die wirtschaftliche Entwicklung zu beschleunigen und den sozialen Wohlstand zu fördern – ein europäisches Modell für Lateinamerika. Frei bewirbt sich erst einmal um einen Senatorenposten. Auf das Präsidentenamt reflektiert er erst später.
Allende und Frei kennen sich ebenfalls aus ihrer Jugendzeit, denn die Väter waren befreundet. Sie duzen sich im persönlichen Umgang, Salvador nennt seinen hochaufgeschossenen Rivalen gern den Schmächtigen. Erst anderthalb Jahrzehnte später, als Frei den Terror der Rechten gegen Allendes linkes Bündnis Unidad Popular rechtfertigt, werden sie erbitterte Feinde.
Der Sozialist Allende sucht Rückhalt im ganzen Land und bei allen Volksschichten, nicht mehr nur in Valparaíso oder dem tiefen Süden oder dem hohen Norden, wie bei den früheren Bewerbungen um einen Senatorenposten. Jetzt eilt er von Termin zu Termin: in die Betriebe des Industriegürtels und in die Elendsviertel der Obdachlosen vom Lande am Rande von Santiago, zu den Hafenarbeitern und Theaterleuten von Valparaíso, zu den Angestellten im Nobelseebad Viña del Mar, schließlich mit dem Tren de la Victoria, dem Zug des Sieges, über die weiten Schienenstrecken des Landes bis nach Puerto Montt und zurück. Mit mehr als hundert Haltepunkten und tausendfachem Händeschütteln. Mit ihm im Zug fährt Luis Corvalán, von Beruf Lehrer, dann Redakteur der kommunistischen Zeitung *El Siglo*, nun Generalsekretär der Kommunistischen Partei, die sich wieder legal betätigen darf. Über einen Lautsprecherwagen spielen die Wahlkämpfer während der Versammlungen entlang der Bahnstrecken die Melodie des River-Kwai-Marsches ein, mit dem Text: »Die Reaktion wird bald erfahren, wann sie zu regieren aufhört und Doktor Allende in die Moneda einzieht.« Der Optimismus ist kein Selbstbetrug, er speist sich aus der Popularität, die der Außenseiter von 1952 inzwischen erlangt hat. An der schönen alten Dampflokomotive prangt der Spruch »Todo el vapor por Allende« – Mit Volldampf für Allende.

Diesmal ist die Wahlkampfkasse weit besser bestückt, obwohl sich das nicht messen lässt an dem ganz großen Geld, das Alessandri und Frei zur Verfügung haben. Einer von Allendes Wahlkämpfern kommt auf die Idee, Cocktailpartys für parteilose Sympathisanten aus betuchten Gesellschaftskreisen zu veranstalten. Das lockt. Mineralwasserfabrikanten, Sportvereinsvorsitzende, Druckereibesitzer lassen sich inzwischen gern bitten, wenn der Dr. Allende mit dem Senatorenzeichen im Briefkopf sie in Begleitung ihrer Gattinnen zum Pisco Sour, dem chilenischen Mixgetränk, in ein nobles Restaurant einlädt. Das lockert die Brieftaschen. Am Ende will keiner gern hinter den anderen Gesprächspartnern zurückstehen, wenn er um eine Wahlkampfspende gebeten wird. So gerät auch der fünfzigste Geburtstag Allendes zu einem Wahlkampftermin. Der Kandidat feiert in bester Gesellschaft in einem teuren Touristenrestaurant namens Pollo Dorado, Goldenes Huhn. Die Teilnahmegebühr beträgt 50 000 Peso pro Person. Der arabische Lokalbesitzer trägt generös die Unkosten. Der Reinerlös fließt direkt in die Wahlkampfkasse.

Den größeren Ertrag aber, einen politischen, bringt die Aktion »Ein Tageslohn für den Sieg«. Alle Volksfrontparteien ziehen mit und so wird daraus eine Massenhandlung. Lehrer, Bergarbeiter, Fischer, Kleinhändler – Wähler aus allen Berufsgruppen schicken ihre Spenden. Schauspieler, Sinfoniker, Zirkusleute, Tingeltangel-Künstler tun sich zusammen, um das Theater Caupolicán in Santiago eine ganze Nacht lang mit Publikum zu füllen und dort zum freiwilligen Spenden zu animieren. Der Einsammler Puccio berichtet von Saisonarbeitern in den Weinbergen, die ihren Gutsherrn um Vorschuss baten, um sich an der Aktion beteiligen zu können.

Damit nicht genug. Eines Tages erscheinen im Büro des Präsidentschaftskandidaten zwei kräftig geschminkte Damen, die keinen Hehl daraus machen, welchem Gewerbe sie nachgehen. Sie wollen die Tageseinnahmen von zweihundert Berufskolleginnen auf einer öffentlichen Veranstaltung an Allende übergeben. Der Sekretär weiß nicht recht, ob es sich um einen Trick der Skandalpresse oder um eine Provokation der politischen Gegner handelt und berät sich mit Salomón Corbalán. Sie finden eine delikate Lösung. Puccio und José Tohá, ein hagerer, höflicher Mensch, dem nachgesagt wird, er sehe aus wie einer der zwölf Apostel, begeben sich zu dem Bordell in der Straße San Martín. Auf einer Tanzfläche zwischen Spiegeln, abgeschabten Sesseln und in einer Wolke billigen Parfüms nehmen die Wahlkämpfer die Spenden von wohl zweihundert Prostituierten entgegen. Allendes Sekretär versäumt nicht die Gelegenheit, nach den Motiven dieser Geberfreudigkeit zu fragen. Die Mädchen kommen fast alle aus den Vorstädten, viele stammen vom Lande und sind Analphabetinnen. Sie tun es für ihre Familien, die sie ernähren müssen, und sie hoffen darauf, dass Allende, wenn er Präsident wäre, sie aus ihrer Armut erlösen kann.

Dem Präsidentschaftskandidaten mit der dickglasigen Hornbrille, die ihn eher wie einen Verwaltungsangestellten aussehen lässt, bleiben indessen bei seinen Kontakten mit den Arbeitern in den Betrieben und den Leuten auf der Straße überraschende Selbstprüfungen nicht erspart. Vor einem Casino in Viña del Mar, nach einem Gespräch mit den Angestellten über deren berufliche Sorgen, pöbeln bourgeoise Jugendliche, er habe sich dort drin wohl ein Almosen abholen wollen. Daraufhin wird Allende handgreiflich, verdreht dem Wortführer die Arme und stößt ihn ins Gebüsch. Nur das erkennbar gleiche Kräftepotenzial zwischen Allendes Begleitern und den Dandys verhindert eine weitere Schlägerei.

Im Schlachthof von Valparaíso testen die Arbeiter die Standhaftigkeit der Wahlkämpfer. In Allendes Gegenwart wird ein Stier auf althergebrachte Art geschlachtet. Der Vorarbeiter stößt dem Tier das Messer in die Halsschlagader und fängt das herausschießende Blut in einem Blechgefäß auf. Das Stierblut wird mit scharfem Paprika, Zwiebeln, Knoblauch und Salz gewürzt und dann dem Gast gereicht. Allende zeigt keine Schwäche. Er prostet rundum, nimmt einen großen Schluck und reicht den Krug an Puccio weiter, der später bekennt, nie etwas Widerwärtigeres getrunken zu haben. Den befleckten

Schnurrbart wischt sich Allende mit dem Handrücken ab, so wie es die Schlachthofarbeiter tun. Damit ist allen Beteiligten klar: Er hat den Härtetest des Gewerbes bestanden.

So sammelt der Kandidat der Frente de Acción Popular (FRAP) mit dem gutbürgerlichen Habitus immer mehr Punkte bei dem einfachen Volk und erzeugt Alarmstimmung im gegnerischen Lager. Kurz vor dem Wahltermin erscheint ein exkommunizierter Priester namens Antonio Zamorano auf der politischen Bühne. Der Öffentlichkeit war der ehemalige Pfarrer von Catapilco bis zu diesem Zeitpunkt eher durch seine operettenhaften Auftritte und seine Amouren bekannt. Jetzt verspricht er als »Freund des Volkes«[11] die Steuern abzuschaffen und jeden armen zu einem reichen Mann zu machen. Das setzt einen kleinen, aber offenbar wirksamen Spaltpilz in die Wählerschaft der FRAP. Alessandri siegt mit 33416 Stimmen Vorsprung vor Allende – 389909 stehen gegen 356493 wahlberechtigte, des Lesens und Schreibens kundige Chilenen. Zamorano erhält nur 41304 Stimmen – genug, um dem Volksfrontkandidaten den Weg in das Präsidentenamt abzuschneiden.

So bekommt Alessandri bei der Abstimmung im Parlament leichtes Spiel. Es ist Tradition im chilenischen Parlamentarismus, dem Erstplazierten das Amt zu ermöglichen, auch wenn er keine absolute Mehrheit hinter sich gebracht hat. Mit den Konservativen und den Liberalen stimmen diesem Brauch zufolge auch die Christdemokraten und die Radikalen. Die FRAP-Gruppierung nimmt an der Kongresssitzung, die den Präsidenten zu küren hat, nicht teil. »Meine Herren Parlamentarier«, zürnt Allende auf einer Veranstaltung im Theater Caupolicán, »Sie werden sich entscheiden müssen zwischen dem Willen des Volkes, den es in mehr als 350000 Stimmen zum Ausdruck gebracht hat, und der Kandidatur der Oligarchie, die eine knappe Mehrheit dank der Unterstützung eines doppelt Abtrünnigen von Kirche und Volk erzielte.«[12]

Kubanisches Intermezzo

Am Morgen nach den knapp verlorenen Präsidentschaftswahlen im Jahr 1958 erscheint in der Zentrale der Frente de Acción Popular eine Gruppe Bergarbeiter aus El Teniente mit einem kommunistischen Genossen an der Spitze. Sie wollen alle chilenischen Bergarbeiter auf die Straßen holen und ersuchen um Einverständnis. In einem ihrer Lokale in El Teniente hätten sie 40 Tonnen Dynamit verstaut, genug für ein Feuerwerk, wenn die Carabineros kommen. Genug auch, um das ganze Land aufzurütteln zu einem politischen Erdbeben. Wie die meisten FRAP-Wähler sind diese Mineros überzeugt, dass man Allende durch Bestechung und Betrug den Wahlsieg gestohlen hat.

Allende ist höchst besorgt. Am Abend zuvor schon hat er von einem Balkon aus an der Plaza Bulnes, gegenüber dem Verteidigungsministerium, eine aufgebrachte Masse mit seiner Autorität beruhigen müssen. Sie sollten ihm weiter vertrauen, nicht provozieren und ruhig nach Hause gehen. Das Volk könne beweisen, dass es genügend Reife und Überlegung aufbringe, um an die Macht zu gelangen.

Nach dem Auftritt der Mineros aus El Teniente spricht er mit dem Exekutivkomitee der FRAP. Man müsse die Niederlage ohne Resignation akzeptieren und dürfe nicht einen Bürgerkrieg riskieren. Hier gelte nicht das Vorbild der Französischen Revolution. Der Bourgeoisie wäre es nur recht, wenn die Anhänger der Volksfront mit Knüppeln auf die Straße gingen. Die Armee habe genug repressive Mittel, um eine solche Rebellion niederzuschlagen. Allende bleibt auch in dieser Situation »innerhalb des Schemas der bürgerlichen Demokratie«, registriert Sekretär Puccio.[1]

Nicht eine Quelle aus dieser Zeit – keine Wahlrede, kein Presseartikel, keine persönlichen Erinnerungen aus diesem Wahljahr – bezeugt, ob und wie der Chilene Salvador Allende die Revolutionäre in Kuba damals wahrgenommen hat. Vielleicht deshalb, weil ihm gar keine zuverlässigen Informationen vorliegen konnten. Über die Rebellen Fidel Castros in den östlichen Bergen der Karibikinsel vor der lateinamerikanischen Haustür der USA dringen widersprüchliche Meldungen an die Öffentlichkeit: ein Banditenhaufen, eine Rotte abgeirrter abenteuernder Jesuitenschüler, von Moskau gekaufte Terroristen, von der CIA gestützte Putschisten, die rechtzeitig einen für Washington genehmen Machtwechsel inszenieren sollen. In Kuba herrschen der korrupte Diktator Fulgencio Batista, die Zuckerbarone und US-amerikanische Konzerne. Havanna ist zu dieser Zeit ein Paradies der US-amerikanischen Mafia. Das Regime ist morsch bis in die Knochen und trägt durch Unkenntnis wie durch Niedertracht selbst dazu bei, die wildesten Gerüchte über das Treiben in der Guerillabewegung in den Bergen der Sierra Maestra und ihrer Unterstützer in den Städten zu verbreiten.

Irgendwann auf seinen Auslandsreisen hat Salvador Allende Bekanntschaft mit dem kubanischen Kommunisten Carlos Rafael Rodríguez geschlossen. Ob Rodríguez ihm dabei ein plausibles Bild von den Intentionen und Chancen des jungen Fidel Castro hätte vermitteln können, darf angezweifelt werden. Zu lange hat die an Moskau orientierte kommunistische Partei Eigenbrötelei betrieben, gezögert, ihren doktrinären Anspruch auf die eigene Führungsrolle in der Revolution aufzugeben, und versäumt, sich den in kein marxistisch-leninistisches Schema passenden olivgrünen Rebellen pragmatisch anzuschließen. In der Neujahrsnacht zum 1. Januar 1959 ist der Diktator Batista aus Kuba geflohen, um sich in Miami in Sicherheit zu bringen, dem damaligen Sammelplatz für gestürzte lateinamerikanische Despoten, und Fidel Castro mit seinen Leuten hat im Triumph die Macht erobert.

In diesen Januartagen reist der chilenische Senator nach Caracas. Dort wird Rómulo Betancourt in das Präsidentenamt eingeführt. In Venezuela ist die Diktatur des Generals Marcos Pérez Jiménez gestürzt worden. Auch dieser bewährte Expartner des State Departements in Washington hat inzwischen Zuflucht in Miami gefunden. Die Wahlen hat der aus dem Exil zurückgekehrte Führer der Acción Democrática gewonnen. Betancourt verkündet eine politische Agenda, die in manchem derjenigen gleicht, die sein alter Boxpartner gern auch in Santiago ausgerufen hätte.

Der Gratulant aus Chile erfährt in Venezuela von dem allgemeinen Enthusiasmus für die kubanische Revolution und beschließt, sich das genauer anzusehen. Er kauft sich ein Ticket nach Havanna und erlebt erst einmal eine Enttäuschung. Aus seinem Hotelfenster beobachtet er den pomphaften Aufmarsch von zweihundert bewaffneten Gestalten in US-amerikanischen Polizeiuniformen, angeführt von dem Bürgermeister aus Miami, begleitet von fröhlichen Cheerleadern in Miniröckchen. Eine Freundschaftsveranstaltung, die schon ein Jahr zuvor verabredet worden ist und eigentlich dem Batista-Regime gilt. Die Revolutionäre haben davon keine Ahnung, und irgendeine Behörde, die mit dem Machtwechsel noch nicht zurechtkommt, hat schlicht vergessen, den Yankee-Tingeltangel abzusagen.

Das kann Allende aber nicht wissen. Er habe sich eigentlich eine Revolution ansehen wollen, doch da es sie nicht gebe, reise er ab, teilt er seinem alten Bekannten Carlos Rafael Rodríguez mit, den er zufällig am gleichen Nachmittag trifft. Der aber hat ihm eine Alternative anzubieten, die dem Zweifelnden eine schicksalhafte Begegnung beschert. Er vermittelt ihm ein Gespräch mit Che Guevara.

Der Argentinier, der sich in Mexiko den kubanischen Rebellen anschloss und im mittelkubanischen Santa Clara die letzte und entscheidende militärische Schlacht gegen die Armee Batistas schlug, ist in diesen revolutionären Tagen Kommandant der Festung La Cabaña an der Hafeneinfahrt von Havanna. Der Chilene trifft Guevara an bei einem schweren Asthmaanfall. »Che lag in einem großen Raum auf einem Feldbett und war bis zum Gürtel nackt und atmete irgendein Gemisch aus seinem Inhalationsgerät ein«,[2] erzählt Allende elf Jahre später. Neben dem Feldbett habe noch ein große bronzene Bettstatt gestanden, die Guevara nicht benutzte und die dem Gast als Sitzplatz dienen konnte.

»Hören Sie, Allende«, sagt Che, kaum dass er wieder atmen kann, »ich weiß genau, wer Sie sind.«[3] Und erzählt, wie er im Jahr 1952, als vierundzwanzigjähriger Medizinstudent, auf einer großen Motorradreise durch Südamerika halb Chile durchquerte. Dort herrschte gerade Wahlkampf, und so habe er zwei der Reden des Kandidaten Allende mitbekommen. »Die eine war ausgezeichnet«, sagt Che, »die andere abscheulich. Wir können also offen miteinander sprechen, weil ich eine klare Vorstellung von Ihnen habe.«[4]

Allende zu Gast bei Fidel Castro in Kuba (um 1970)

Ein etwas ruppiger Ton, der wohl nicht auf das quälende Asthma zurückzuführen ist, sondern eher auf das Selbstgefühl eines jungen, siegreichen Revolutionärs. »Genugtuung, Freude und Ehre« über dieses Kennenlernen habe der Comandante dann aber ausgedrückt, berichtet Allendes Sekretär Puccio, und hinzugefügt: »Ich habe Sie immer für einen der wichtigsten Führer Lateinamerikas gehalten. Unter diesem Eindruck habe ich bei einer Reise nach Chile versucht, mit Ihnen zu sprechen. Obwohl ich viele Stunden auf Sie gewartet hatte, ergab sich nicht die Gelegenheit und die Ehre, mit Ihnen persönlich bekannt zu werden.«[5]

Nun, in Havanna, bietet sich die Möglichkeit, das Versäumte nachzuholen. Mehr noch: Che Guevara macht Allende mit Raúl Castro bekannt und schließlich auch mit Fidel Castro, der ihn spontan einlädt, an einer Sitzung der Revolutionsregierung teilzunehmen. »Es gab ein Abendessen«, erzählt Allende später, »und danach gingen wir in einen Salon, um mit Fidel zu sprechen. Da waren Bauern, die Schach spielten und Karten, ausgestreckt auf dem Fußboden, mit Maschinengewehren und allem. In einer kleinen freien Ecke blieben wir lange Zeit. Und dort wurde mir klar, wer er ist, dort bekam ich die Vorstellung, wer Fidel war.«[6]

Zurück in Santiago, versammelt Allende sogleich seine engeren Freunde, berichtet über seine Reise und erklärt ihnen, »dass es ein Irrtum war, die Ereignisse auf der Insel zu ignorieren. Dass es falsch war, davon nicht im Wahlkampf zu profitieren, vor allem aber, den kubanischen Genossen keine Unterstützung zu gewähren.«[7] Inzwischen hat er nachgedacht, was sich daraus für den Kampf um die Macht in Chile ableiten lasse. »Er hatte ein Volk gesehen, dass sich auf dem bewaffneten Weg befreit hatte. Das bestärkte ihn in seiner Auffassung, dass die Sammlung der Massen um das Proletariat mehr und mehr an Bedeutung in Chile gewann, wenn es einen friedlichen Weg zum Sozialismus gehen wollte«, bezeugt Puccio. Allende habe den bewaffneten Kampf der Arbeiterklasse zu bestimmten Zeitpunkten zwar nicht ganz ausgeschlossen, aber nur als legitimes Mittel der Selbstverteidigung gegen die Gewalt der reaktionären Kräfte. »Diese Theorie verteidigte Allende nach seiner Kubareise noch mehr.«[8]

Überdies beschäftigt ihn eine strategische Überlegung. Die USA – das wird unverkennbar, als die Revolutionäre in Havanna mit den ersten Verstaatlichungen von ausländischem Konzerneigentum beginnen – sehen sich auf einzigartige Weise herausgefordert: »Die Kubaner haben dem Imperialismus den Finger auf den Mund gelegt.«[9] Noch einmal, so glaubt er, werde sich Washington in Lateinamerika auf diese Weise nicht überrumpeln lassen. Puccio memoriert:

»Er sagte im Bewusstsein seiner Verantwortung, wir müssten unsere Anstrengungen verstärken, den Weg der Wahlen zu gehen, weil durch die kubanische Revolution nun der Weg für den bewaffneten Aufstand versperrt sei.«[10]

Der dritte Versuch

Im August 1961 reist Salvador Allende nach Punta del Este, einem Tummelplatz der Reichen und Schönen aus Uruguay und Argentinien. In dem uruguayischen Badeort an der Atlantikküste tagt eine Wirtschaftskonferenz der Organisation Lateinamerikanischer Staaten (OAS). Allende hat keinen offiziellen Status wie die Vertreter der Regierungen der lateinamerikanischen Länder, er kommt als Beobachter und trifft dort Che Guevara, der die kubanische Delegation leitet. Beide werden eingeladen, in der Universität Montevideo zu sprechen. Nach der Kundgebung nimmt der Argentinier den Chilenen beiseite und sagt: »Salvador, gehen wir getrennt raus, damit wir im Fall eines Attentats nicht nur ein Ziel abgeben.«[1] Ein weiser Rat, denn vor der Universität, wo die Menge antiimperialistische Losungen ruft, fallen plötzlich Schüsse. Ein Universitätsprofessor wird tödlich getroffen. »Am Abend«, so berichtet Allende später, »lud mich Che zu sich ins Hotel ein, er wollte sich beim Abendessen mit mir unterhalten. Bei dieser Gelegenheit stellte er mir seine Mutter vor, er liebte sie sehr.«[2] Es ist mehr als ein privates Treffen, es ist die letzte Begegnung der beiden so unterschiedlichen Träumer von einem anderen Lateinamerika.

Auf der Konferenz selbst beobachtet Allende einen politischen Kurswechsel der USA. Der neue Finanzminister Douglas Dillon stellt den versammelten Politikern, Diplomaten und Wirtschaftsfachleuten ein aufsehenerregendes Projekt des jungen charismatischen Präsidenten der USA vor, eine neue Lateinamerikastrategie der Regierung Kennedy. Alle Versuche, Fidel Castros Revolutionsregime in Kuba durch politische Intrigen, Sabotage und Wirtschaftsboykott schnell loszuwerden, haben nicht gegriffen. Die von der CIA gelenkte und von Kennedy abgesegnete Invasion konterrevolutionärer kubanischer Söldner in der Schweinebucht ist gescheitert. Es gilt, den Subkontinent gegen den Virus der antiimperialistischen Rebellion abzuschirmen und aufflammende Guerillaherde in anderen lateinamerikanischen Ländern rechtzeitig zu ersticken. Es herrscht Kalter Krieg, und Washington will jedwedem Versuch Moskaus zuvorkommen, im Hinterhof der USA Fuß zu fassen.

Im State Department, dem Washingtoner Außenministerium, wird also nach neuen Umgangsformen gesucht. Diktatoren, wie der in Kuba gestürzte General Batista, gelten nur noch eingeschränkt als Stützpfeiler US-amerikanischer Interessenpolitik zwischen dem Rio Grande und Feuerland. Man muss sich auf neue Bündnispartner fokussieren. Nicht mehr die Kreise der alteingesessenen Oligarchien mit ihren mehr oder weniger abgewirtschafteten Parteien sollen den großen Zuschlag bekommen, wenn es um Wirtschafts- und Militärhilfe geht, sondern solche Kräfte, die sich neoliberalem Gedankengut öffnen, die ihre Volkswirtschaften modernisieren wollen und somit am Ende auch bessere Verwertungsbedingungen für das in ihren Ländern tätige US-Kapital versprechen.

Der Präsidentenberater Arthur Schlesinger Jr. hat ein klares Argument vorgetragen: »Wenn die besitzenden Klassen Lateinamerikas eine Mittelklasse-Revolution unmöglich machen, dann werden sie eine Revolution der Arbeiter und Bauern unvermeidlich machen.«[3] Das Engagement Washingtons wechselt von den oligarchischen Parteien zu den Parteien der Mitte. Sie gelten für Kennedy als »durchführbare Alternative«.[4]

Im State Department wurde dafür ein spezielles Programm ausgearbeitet. Es trägt den Titel *Allianz für den Fortschritt*. Dillon teilt auf der Konferenz in Punta del Este mit, dass die USA in den nächsten zehn Jahren 20 Milliarden Dollar in die Entwicklung Lateinamerikas investieren wollen. Das Geld soll in die Bereiche Gesundheit, Bildung und Wohnungsbau auf dem Subkontinent fließen. Denn »tatsächlich braucht es nicht mehr als den bloßen gesunden Menschenverstand für die Einsicht, dass die Sicherheit der Reichen, unter den Nationen wie innerhalb einer Nation, am besten gewährleistet werden kann, wenn man den Armen Hoffnung und Chancen gibt«.[5]

Für Salvador Allende wird in Punta del Este klar: Auf der Lateinamerika-Agenda des State Departments rückt in den sechziger Jahren die Chile-Politik weit nach oben. Dem südlichsten Andenland ist die Rolle einer Vorzeigedemokratie zugedacht, als Showcase, als Schaukasten der *Allianz für den Fortschritt*. Den Testfall werden die nächsten Präsidentschaftswahlen abgeben. Sie stehen für 1964 an.

Sechs Jahre nach seinem zweiten Wahlkampf versucht es der Sozialistenführer ein drittes Mal. Auf seinem Wahlprogramm steht die Nationalisierung der Grundstoffindustrie, was die Besorgnis der nordamerikanischen Konzerne erregt, besonders derer, die am Kupferbergbau verdienen. Als Favorit der neuen Lateinamerikastrategie Washingtons geht nun der Christdemokrat Eduardo Frei ins Rennen. Die Partei hat keine finanziellen Sorgen. Zusammen mit Radomiro Tomic, dem Führer des linken Flügels, wurde Frei schon Anfang 1962 von Kennedy im Weißen Haus empfangen. Der US-Präsident wollte sich ein Urteil bilden, »wem bei den kommenden Wahlen verdeckte Hilfe zu geben ist«.[6] Die Entscheidung fiel zu Freis Gunsten aus. Gleichsam als Morgengabe empfing der Kassenwart der Christdemokraten schon im selben Jahr 50000 Dollar von der CIA.

Freis ursprünglicher Wahlslogan lautete »Wechsel in Freiheit«, wird aber dann geändert zu »Revolution in Freiheit«. Das soll revolutionäre Gelüste kubanischen Zuschnitts unter der zunehmend rebellischen Jugend des Bürgertums abfangen, zielt aber zugleich massiv auf Stimmengewinn im unzufriedenen Mittelstand. Der Verdacht, dass das State Department und die CIA bei der Korrektur die Feder geführt haben, wird nie ganz ausgeräumt.

In den Wahlkampf 1964 ziehen Allende und Frei unter höchst ungleichen Bedingungen. Die Volksfront hat nur wenig Mittel für ihre Kampagne. Das meiste Geld stammt von Spenden einfacher Leute und wird über Sammlungen, Kirmesveranstaltungen und ähnliche Sympathieerfindungen eingebracht. Natürlich ist es nicht genug.

Während der Sozialist mit seiner Mannschaft in privaten Kleinwagen von Dorf zu Dorf zieht, tauchen an den Häuserwänden gruselige Plakate auf. Die Leute reiben sich verwundert die Augen. In den Zeitungen und den Rundfunksendern begegnen ihnen Kommentare, die den Eindruck erwecken, dass die Kubaner schon in den Iljuschin-Maschinen säßen, um Chile einzunehmen. »Jene Kampagne«, schreibt Pablo Neruda in seinen Memoiren, »war haarsträubend: Nonnen würden erschossen, Kinder von Bärtigen, die aussahen wie Fidel, auf Bajonette gespießt, Mädchen von ihren Eltern getrennt und nach Sibirien geschickt.«[7]

Das nordamerikanische Church-Komitee, ein Gremium des US-Senats unter Senator Frank Church zur Untersuchung von Regierungsoperationen im Zusammenhang mit Geheimdienstaktivitäten, räumt über die verdeckten Aktionen in Chile von 1963 bis 1973 später ein: »Extensiv wurden Presse, Rundfunk, Kino, Pamphlete, Poster, Flugblätter, Direktbriefe, Papierschlangen und Wandbilder genutzt. Es war eine ›erschreckende Kampagne‹, die sich vor allem auf Bilder von sowjetischen Panzern und kubanischen Exekutionskommandos stützte und die speziell auf Frauen ausgerichtet war. Hunderttausende Kopien des antikommunistischen Hirtenbriefes von Papst Pius XII. wurden durch christdemokratische Organisationen verteilt. Falschinformation und Material, das angeblich aus anderen Quellen stammte – zum Beispiel von der Kommunistischen Partei –, wurde genauso verwendet.«[8] Peter Kornbluh, am Archiv der George Washington University Direktor des Chile Documentation Project, schreibt in seinem Buch *The Pinochet File* (Die Akte Pinochet), dass die CIA von 1962 bis zu den Wahlen 1964 vier Millionen Dollar Hilfsgelder für Frei gezahlt hat und dass drei Millionen für die Kampagne gegen Allende eingesetzt wurden. Recherchen der *Washington Post* zufolge waren es sogar 20 Millionen Dollar, womit die Hälfte der gesamten Wahlkampfkosten Freis gedeckt wäre.

Drei Wochen vor den Wahlen, am 14. August 1964 schreibt US-Außenminister Dean Rusk in einer Note für Präsident Lyndon B. Johnson: »Wir strengen uns sehr an, Chiles Chancen zu reduzieren, das

erste amerikanische Land zu sein, das einen erklärten Marxisten zum Präsidenten wählt.«[9]
Am 4. September 1964 zählt man 38,6 Prozent der Stimmen für Allende aus, mehr als er je bekommen hat und noch bekommen wird. Wäre es eine der üblichen chilenischen Wahlen gewesen, mit eigenen Kandidaten der drei großen Lager – Rechte, Christdemokraten und Linke –, dann hätte ihm das Ergebnis sehr wohl den Einzug in die Moneda ermöglicht. Aber da wenige Monate zuvor in Curicó, einem traditionell konservativen Wahlbezirk, bei einer Nachwahl zum Abgeordnetenhaus überraschend die Linke gewonnen hatte, entschied das Gegenlager, alle Kräfte zu bündeln. Die Rechte, obwohl mit einem eigenen Kandidaten angetreten, rief im letzten Moment dazu auf, den Mann der Christdemokraten, Eduardo Frei, zu wählen. Und der siegt mit 55,6 Prozent der Stimmen.
Es reicht also wieder nicht für den Sozialisten. Die Journalisten belagern den ewigen Verlierer. Sein nun schon so langer Marsch in Richtung Moneda amüsiert sie. Einer fragt spöttisch, wie er sich denn die Wahlen im Jahr 3000 vorstelle. »Ohne mich als Kandidaten – wahrscheinlich«,[10] antwortet Allende mit Selbstironie und setzt hinzu: »Wenn ich sterbe, wird man auf mein Grab einen Stein setzen, auf dem geschrieben steht ›Hier ruht Salvador Allende – der künftige Präsident Chiles‹.«[11]
Gemessen an Allendes erklärter Absicht, nicht einfach Stimmen zu gewinnen, sondern Bewusstsein zu schaffen, kann er der Niederlage aber durchaus etwas abgewinnen. 997 902 Chilenen haben für ihn votiert. Die von ihm so oft beschworene Kontinuität wird nun für jedermann deutlich. Aus den knapp 52 000 Wählerstimmen, die 1952 das Fundament seines politischen Unternehmens bildeten, wurden 356 493 im Jahr 1958, und nun sind es fast eine Million.
Dennoch ist eine ehrliche Wahlanalyse geboten. Am Tag danach kommt eine Gruppe von Pobladoras, Bewohnerinnen der Armenviertel, zu seinem Haus in Guardia Vieja. Die Frauen sammeln sich im Garten – das Haus ist zu klein für so viele Besucher – und verlangen

mit Allende zu sprechen. Manche weinen. Der Verlierer geht hin und tröstet sie. »Nein, Compañeras«, sagt er, »ist schon gut. Ich bin geschlagen worden von mächtigeren Kräften, aber zu guter Letzt werden wir unser Ziel erreichen.«[12]

Fatalerweise haben ihm gerade die chilenischen Wählerinnen einen Strich durch die Rechnung gemacht. Für ihn stimmten deutlich weniger Frauen als Männer, trotz oder vielleicht auch wegen des Rufes als Charmeur und Frauenheld, den er hat. Leute, die ihm nicht wohlgesonnen sind, haben ihm den Spitznamen Pije angehängt, Snob. Er ist ein Bourgeois, hat das Image eines feinen Mannes und er ist immer stilvoll gekleidet. Jedes Foto in der Zeitung – und er ist oft zu sehen – unterstreicht das; er muss Unmengen von Krawatten und Jacketts haben. Die einfachen Leute, vor allem die Frauen, macht das misstrauisch. Bei der ersten Kampagne im Jahr 1952 wagten sie gar nicht, ihm die Hand zu geben, denn es könne nicht sein, dass dieser Pije sich für sie einsetze. 1958 küsste ihm eine Bäuerin am Ende seiner Rede den Hosensaum, aber das war für ihn ein Horror. Damals sagte er: »Wir können nicht an die Regierung kommen mit einem Volk, das Wunder erwartet. Wir müssen in die Moneda kommen mit einem Volk, das Bewusstsein hat, dieses Land zu verändern. Das braucht mehr als ein paar Stunden. Aber eine Frau, die einem die Hosen küsst, erwartet Wunder.«[13]

Frei gewinnt, weil er sein Wahlprogramm glaubwürdig vermitteln kann. Es sieht eine Bodenreform vor und zielt auf Nationalisierung der chilenischen Bodenschätze. Das sind langersehnte Reformen. Der Christdemokrat bediente sich reichlich bei den Programmpunkten Allendes. Und er hat auch die rechten Wähler auf seiner Seite. Ein Latifundista bietet dem Kandidaten Frei gar die Hälfte seines Besitzes als Geschenk an den Staat und als Grundstein für die versprochene Agrarreform, »um zu verhindern, dass das Vaterland unter die Kontrolle des ›Kommunisten Allende‹ fällt«.[14]

Während der Sozialist sich im Sommerhaus der Familie in Algorrobo von den Strapazen erholt und auch über einen Abbau der wieder an-

gehäuften Schulden nachsinnt, beginnt Frei vorsichtig mit einigen Reformen. In den nächsten fünf Jahren enteignet seine Regierung mehr als eine Million Hektar Boden. Das scheint viel, ist aber für die vielen Landlosen nicht genug. Es fehlen auch begleitende Maßnahmen wie Beratung der Neubesitzer, Maschinen, Saatgut, Düngemittel und Ernteaufkauf-Stellen. Anhänger der Oligarchie entfachen unterdessen eine heftige Gegenkampagne und rufen sogar den Papst zu Hilfe. Der soll den Präsidenten exkommunizieren.
Bei der angekündigten Nationalisierung des Kupferbergbaus zeigt sich die Regierung weniger mutig. Statt von einer kompletten Verstaatlichung spricht Frei von Chilenisierung. Unter diesem Begriff sichert sich der chilenische Staat 51 Prozent der Besitzanteile. Doch den ausländischen Gesellschaften bietet er gleichzeitig ein günstigeres Steuersystem. Dadurch verdreifachen sich deren Gewinne, die wieder ins Ausland abfließen.
Die Regierung Frei und die Christdemokratische Partei rücken damit immer weiter nach rechts. Bei den Kongresswahlen und bei lokalen Wahlen verbuchen sie beträchtliche Stimmverluste, was schließlich zu einem Bruch innerhalb der Partei führt. Der linke Sektor der Christdemokraten schert aus und bildet das Movimiento de Acción Popular Unitaria (MAPU), die Bewegung der einheitlichen Volksaktion.

Der politische Kampf Salvador Allendes läuft unterdessen nicht ab ohne persönliche Konflikte. Am 21. Juni 1965 schreibt er einen Brief an seine Brüder der Freimaurerloge Hiram 65, seine Austrittserklärung nach 39 Jahren Mitgliedschaft. Der Abschied Allendes »von dem Haus, das geistig über lange Epochen das meine war«, ist eine Bestandsaufnahme seiner Prinzipien. »Ich entferne mich von den Tempeln, so wunderbar sie jetzt in der Pracht ihrer Architektur auch scheinen mögen, und ziehe mich in den intimen Tempel zurück« – einen, den er sich errichtet habe »auf den soliden Mauern des Idealismus«,[15] aus dem heraus er sich konsequent dem Kampf um die praktische Verwirklichung der hehren Begriffe Gleichheit, Brüderlichkeit und Freiheit widme.

Seine Parteifreunde haben verfügt, dass man nicht beides sein könne – Sozialist und Freimaurer. In seinem langen Brief reflektiert der scheidende Logenbruder die Zeit mit dem Orden als ein Fundament seines Seins und erkennt an, dass in der Gesellschaft der Freimaurer »in gewisser Weise eine Welt geboren ist, die das Ideal der Struktur einer Gemeinschaft widerspiegelt«. Aber er fragt auch: »Wer gehört zu unserem Orden? Kann man sich, intellektuell, ehrlich vorstellen, dass seine Zusammensetzung die chilenische Gesellschaft von heute widerspiegelt? Die Antwort, zumindest nach meiner Erfahrung, muss negativ sein. Im Orden befinden sich nur Elemente der Bourgeoisie. Darin liegt keine Bewertung irgendeiner Art. Es ist eine Tatsache, nichts weiter. In der Konsequenz werden die Prinzipien, die das Freimaurerdasein beleben, von einer Gruppe – die nicht die größte ist – unserer Gesellschaft praktiziert. Soll der Orden indifferent bleiben angesichts der Abwesenheit der Arbeiterklasse? Mehr noch – handelt es sich dabei um ein zufälliges Phänomen?« Die Antwort gibt sich der Sozialistenführer selbst: »Ein Orden, der nichts sagt, wenn massiver psychologischer Terror gesät wird, ist etwas ohne geistige Kraft. Ein Orden, der nichts dafür tut, dass Souveränität und freie Selbstbestimmung der Völker nicht verletzt werden, ist etwas ohne Leben. Ein Orden, der nichts sagt, wenn die Völker überfallen und massakriert werden, weil eine Nation sich das Recht vorbehält, zu bestimmen, durch sich und ihre Waffenstärke, welches das politisch oder ökonomisch angemessene System ist, ist eine Einrichtung, die sich nicht um die Freiheit sorgt, nicht um die Gleichheit, nicht um die Brüderlichkeit.«[16]

Im Antwortschreiben vom 5. August 1965 teilt die Loge Hiram 65 dem Schreiber mit, dass man »einstimmig beschlossen hat, das Austrittsgesuch abzulehnen«.[17] Fünf Jahre später bilden einige Logenbrüder die Gruppe MAS, um Allende im Wahlkampf zu unterstützen. Die Abkürzung hat offenbar doppelten Sinn. Der Ansicht Puccios zufolge bedeutet sie entweder Masones con Allende, Freimaurer für Allende, oder Mas amigos con Allende, Mehr Freunde für Allende.

Nach den ersten zwei Jahren der Frei-Regierung verabschiedet sich das Wirtschaftswachstum. Die Unternehmer holen sich das, was sie durch anfängliche soziale Maßnahmen verloren haben, auf anderen Wegen vom Staat zurück. Die Produktionsmenge reicht inzwischen schon nicht mehr, um den Bedarf zu decken, den das Bevölkerungswachstum mit sich bringt. Die Arbeitslosigkeit beträgt zehn Prozent. Auf der Suche nach Einkommen ziehen immer mehr Menschen in die Hauptstadt, wo bereits ein Drittel aller Chilenen lebt, davon 600 000 in Slums rund um Santiago, in Bretterbuden, ohne Kanalisation und oft ohne Strom. Die versprochene »Revolution in Freiheit« versackt in neuem Elend. Am 23. November 1967 schießen Carabineros in eine Demonstration von Streikenden in Santiago. In Chillán, wo die Sozialisten einen Parteitag abhalten, klagt Allende in einer Stadionrede den Präsidenten an: »Einst sagte der Senator Frei, es sei ein Verbrechen, auf Menschen zu schießen. Möge er sich an diese Worte erinnern und die Verantwortung für die Morde in Santiago auf sich nehmen.«[18] Es gelte, in Chile den Vormarsch der Reaktion mit dem Zusammenschluss der revolutionären Kräfte zu beantworten.

Allende tut, was er kann, um eine Gewaltherrschaft zu verhindern, und denkt dabei schon an die nächsten Präsidentenwahlen im Jahr 1970. Er wolle, so sagt er, die Hand- und Geistesarbeiter gewinnen. Auch die Rechtlosen, die zu dieser Zeit immer wieder sogenannte wilde Siedlungen am Rande der Städte gründen. Manchmal fährt er nachts noch los, wenn er gerade von einer neuen Besetzungsaktion erfahren hat. Einmal, in einer der zahllosen Poblaciones am Fuß der Kordilleren, wird er von den Besetzern mit Knüppeln empfangen, bis er erkannt wird und jemand ruft: »Das ist der Compañero Allende.« Die Leute nähern sich. »Als ob jemand Patriotismus gesät hätte, begannen chilenische Fahnen zu sprießen und unter ihnen sammelten sich Männer, die nicht geschlafen hatten und Frauen mit ihren Kindern auf dem Arm«, berichtet sein Freund und späterer Presseattaché Carlos Jorquera. »Was für eine bemerkenswerte Sache: diese Leute,

die kein Brot hatten, viele von ihnen kaum eine kleine Decke, aber alle, alle ohne Ausnahme hatten eine chilenische Fahne.«[19]
Obwohl Chile bis 1970 etwa 1,2 Milliarden Dollar Beihilfen und Darlehen aus den USA erhält, 91 Millionen davon als Militärhilfe, folgen magere Jahre. Die schlechte wirtschaftliche Situation erreicht auch die Armee. Im Mai 1968 treten Offiziere der Kriegsakademie von ihren Posten zurück, um höhere Gehälter zu fordern. Der Kommandant der ersten Heeresdivision in Antofagasta, Brigadegeneral Roberto Viaux, will mit einem Putsch Druck machen. Sein Vorhaben wird entdeckt. Zusammen mit zwei anderen Generälen wird er in den Ruhestand versetzt. Das hindert ihn nicht, seine Pläne weiterzuverfolgen. Am 21. Oktober 1969 setzt sich Viaux an die Spitze des Artillerieregiments Tacna. Er wird von den Truppen der Unteroffiziersschule und einem Panzerbataillon unterstützt. Der Putsch wird niedergeschlagen, aber zwischen Viaux und einem Regierungsvertreter kommt es zu einer Vereinbarung, der Acta del Tacna. Punkt drei besagt, dass das ökonomische Problem der Streitkräfte schnellstens vom Präsidenten der Republik gelöst werden soll.
Der gescheiterte General Viaux gibt sich damit nicht zufrieden. Er erklärt bei einem Essen, das seine Kameraden ihm zu Ehren geben: »Ich bin der Überzeugung, dass sich gegen den Rechtsstaat, der in Chile existiert, erneut und, schneller als man denken kann, das Recht der Gewalt durchsetzen wird.«[20]

Zwischen den Fronten

Von Santiago aus gibt es in diesen Jahren keine direkte Flugverbindung nach Kuba. Wer nach Havanna will, muss über Mexiko reisen, das einzige Land, das die diplomatischen Beziehungen zu der Karibikinsel nicht abgebrochen hat, nachdem Kuba auf Betreiben Washingtons aus der Organisation Lateinamerikanischer Staaten ausgeschlossen worden ist.

Die Passagiere, die im Juli 1967 auf dem Flughafen in Mexiko-Stadt zum Weiterflug nach Havanna einchecken, werden einer nach dem anderen fotografiert. Ganz unverhohlen. Keiner protestiert, obwohl alle ahnen, dass es sich nicht um Touristenbilder handelt. Als der Fotograf den Passagier Allende in eine geeignete Positur zu schieben versucht, sträubt sich dieser. Er holt aus und verpasst dem Mann einen Faustschlag. Ganz Mexiko ist amüsiert. »In einigen Memoiren, die CIA-Agenten über ihre Missionen in Lateinamerika veröffentlicht haben, fungiert diese Anekdote als Beispiel für die Gefahren, der sich gewisse örtliche Funktionäre ausgesetzt sehen«, erinnert sich Jorquera.[1]

Der chilenische Senator ist unterwegs zur Gründungskonferenz der Organización Latinoamericana de Solidaridad. Die OLAS soll Solidarität, Koordination und Information im revolutionären nationalen Kampf der Lateinamerikaner fördern, ohne die einzelnen Mitglieder auf eine bestimmte Taktik festzulegen. Der Vorschlag, einen solchen Pool zu bilden, kommt von Allende.

Das Gründungsdokument bezeichnet den bewaffneten Kampf als die Grundstrategie der Revolution in Lateinamerika. Kuba und Vietnam gelten als Fanale für den Widerstand gegen die imperiale Politik der Großmacht USA. Nicht in allen Punkten geht das mit Allendes Ansichten konform. Für sein eigenes Land schließt er den bewaffneten Weg nach wie vor aus, auch wenn Guerillagruppen in Argentinien, Peru, Venezuela, Kolumbien und Ekuador von sich reden machen.

Chile ist ökonomisch zwar ein unterentwickeltes Land, aber es ist eine der ältesten und stabilsten Demokratien in Lateinamerika – der

Bürgersinn ist ein ganz anderer als in Kuba. Allende mag sich raufen für seine persönliche Ehre, ein Verehrer revolutionärer Gewalt ist er nicht. Unvorstellbar für ihn, dass sich im chilenischen Volk eine Mehrheit finden könnte, die mit radikalen Mitteln statt mit demokratischer Geduld einen Gesellschaftszustand herbeizuführen wünscht, den man Sozialismus nennen kann. Er braucht keine Modelle von anderswo, er fürchtet wohl auch, dass aus der Machtergreifung einer Rebellenarmee allzu leicht eine Einheitspartei hervorgehen könne. »Wir erkennen keine Vatikane an«, sagt er, »wir sind niemandes geistige Kolonisten.«[2] Überdies ist acht Jahre nach der kubanischen Revolution kein ähnlicher Durchbruch in irgendeinem Land Lateinamerikas in Sicht. Die Guerillabewegungen sind eher auf dem Rückzug.

Zurückgekehrt nach Chile, muss er feststellen, dass ihm nicht alle seine Verbündeten der FRAP in dieser Ansicht folgen, nicht einmal in seiner eigenen Partei. Die Wahlniederlage von 1964 haben viele seiner Anhänger nicht verschmerzt. Die Frage, ob der friedliche Weg zum Sozialismus in Chile möglich ist, wird kritischer gestellt. Der bewaffnete Kampf scheint auf die Dauer erfolgversprechender.

Halb Lateinamerika befindet sich in diesem Sog. Vor allem junge Leute, zumeist Intellektuelle mit ausgeprägtem Gerechtigkeitssinn, lockt das revolutionäre Abenteuer. Was ist der Tod, wenn er unsterblich machen kann? Vorbilder, Heldenfiguren, Idole kennt die lateinamerikanische Geschichte viele. In Uruguay nennt sich eine Stadtguerilla Tupamaros, nach Tupac Amarú, dem großen Indioführer von 1780, der in Peru den letzten großen Aufstand gegen die spanischen Kolonialisten wagte und das mit dem Leben bezahlte.

Der traditionellen Linken setzen solche Ungeduldigen eine Neue Linke entgegen und sehen keinen Grund, sich an die Spielregeln der Demokratie zu halten, da diese immer nur der Sicherung der bestehenden Machtverhältnisse diene. Che Guevaras Fokustheorie, nämlich den bewaffneten Kampf an einem Brennpunkt der Konflikte zu beginnen und ihn auf das ganze Land auszudehnen, weist ihnen vermeintlich einen neuen Weg.

Allendes Partei und sogar seine Familie bleiben nicht verschont. Ein Jahr nach der Wahlniederlage von 1964 verlassen junge Mitglieder die Sozialistische Partei und gründen das Movimiento de Izquierda Revolucionaria (MIR), die Bewegung der Revolutionären Linken. Einer der Initiatoren ist Allendes Neffe Andrés Pascal Allende, der Sohn von Schwester Laura.
Die Miristas agieren in freier Robin-Hood-Manier zugunsten der Armen. Sie verrücken Zäune und Landbegrenzungen, um für die landlosen Pächter Boden zu beschaffen. Sie überfallen Banken und verteilen das erbeutete Geld an Bedürftige. Sie besetzen öde Flächen für die Obdachlosen, damit diese dort über Nacht einfache Hütten errichten können, aus denen man sie nicht so leicht vertreiben kann. »Direkte Aktion« nennen die MIR-Leute das. Die Bewegung wird umso aktiver, je deutlicher sich zeigt, dass der Präsident Frei mit allen seinen angekündigten Reformen auf halbem Wege steckenbleibt.
Allendes Tochter Beatriz, genannt Tati, ist vom revolutionären Geist angesteckt. In Havanna hat sie Che Guevara kennengelernt. Zurück in Chile, arbeitet sie in Unterstützungskomitees für Kuba. Nach Guevaras Tod in Bolivien versucht sie von Chile aus, ein neues geheimes Netz im Norden von La Paz, in der Zone von Teoponte zu knüpfen. »Sie übernahm es, jeden Compañero, der von Chile zum Altiplano aufbrach, zu verabschieden, seine Route zu kontrollieren, ihn durch verschiedene sichere Unterkünfte zu lotsen, ihm die letzte Umarmung vor der Abreise zu geben.«[3] Dabei tarnt sie sich mit dem Decknamen Marcela.
Schwer zu glauben, dass Allende von Tatis Beteiligung an radikalen linken Aktionen nichts weiß. Alle drei Töchter sind mit Politik groß geworden. Der Vater ist ihnen geistiger Führer und Gefährte, mit ihm können sie diskutieren. Es ist nicht bekannt, dass er sie in irgendeiner Weise gebremst hätte, schon gar nicht aus Sorge um seine eigene Karriere. So wie er jedem Oppositionellen und jedem Freund das Recht auf abweichende Meinungen und Handlungen zugesteht, hält er es auch in seinem eigenen Haus. Überdies weiß er aus eige-

ner Erfahrung: »Jung und nicht revolutionär zu sein, das ist fast ein biologischer Widerspruch.«[4]

Allende selbst macht sich keinerlei linksradikales Gedankengut zu eigen. Ihm gefallen Leute nicht, »die jeden Augenblick von Revolution sprechen und unfähig sind, den tiefen moralischen Sinn, der in diesem Konzept liegt, zu ermessen«, und sein Spott gilt »denjenigen, die glauben, weil sie das *Kommunistische Manifest* gelesen oder es lange Zeit unterm Arm getragen haben, dass sie es verarbeitet hätten. Sie halten Vorträge und fordern Haltungen und kritisieren Männer, die in ihrem Leben wenigstens Konsequenz bewiesen haben.«[5] Ausdrücklich bekennt sich Allende als Bewunderer und Unterstützer der kubanischen Revolution. Jedoch: »Wer kein Guerillero sein kann«, sagt er, »kann nicht zum Guerillakrieg anstiften.«[6]

Im Oktober 1967 kommt aus dem Nachbarland Bolivien die Nachricht von Ches Tod. Nach monatelangem Versuch, mit einigen Gefährten im bettelarmen Südosten des Landes einen Rebellenstützpunkt aufzubauen, die Bauern der Umgebung zu gewinnen und damit eine Rebellenarmee zu schaffen, ist Guevara von der bolivianischen Armee gefangen genommen und erschossen worden. Das ist eigentlich das Ende des Traumes von der schnellen lateinamerikanischen Revolution. Wenn dem besterfahrenen Guerillero des Kontinents eine Wiederholung der kubanischen Variante in Südamerika nicht gelungen ist, wer soll es dann schaffen?

Allende trauert. »Zweifellos glaube ich, dass es im Leben Lateinamerikas wenige Male oder vielleicht niemals einen Menschen gegeben hat, der mehr Konsequenz für seine Ideen gezeigt hat, mehr Großzügigkeit, mehr Uneigennützigkeit. Che hatte alles, er hat auf alles verzichtet, um den kontinentalen Kampf möglich zu machen.«[7]

Freunden und Besuchern präsentiert Allende gern ein Exemplar des Buches *La Guerra de Guerrillas*, in das Che geschrieben hat: »Für Salvador Allende, der mit anderen Mitteln das Gleiche zu erreichen versucht. Herzlich, Che«.[8] Der chilenische Genosse behandelt es fortan wie eine Reliquie.

Doch damit ist für Allende das Kapitel Guevara noch nicht zu Ende. Monate später erreichen fünf Überlebende der Gruppe von Che – drei Kubaner und zwei Bolivianer – nach einer Flucht unter schwierigsten Bedingungen chilenisches Territorium. Aus dem rechten Spektrum kommen Forderungen, die Guerilleros an Bolivien auszuliefern. Auf Chiles Straßen aber sammeln sich sympathisierende Demonstranten. Die Regierung Frei sieht sich in eine höchst unangenehme Lage gebracht.

Salvador Allende, seit 1966 Senatspräsident, weiß sofort, dass die Entkommenen Schutz brauchen. Er fliegt nach Iquique, wo die fünf Männer sich aufhalten. Es gilt, ihnen den Status als politisch Verfolgte zu sichern und die nötige medizinische Betreuung zu beschaffen. Die fünf werden schließlich nach Santiago gebracht, wo die Regierung per Dekret ihre Ausweisung verfügt.

Damit steht Allende vor einem neuen Problem. Wie die Kubaner und Bolivianer aus dem Land an einen Ort zu bringen, wo sie nicht verhaftet werden? »Er war die ganze Nacht wach, drehte die Angelegenheit hin und her und suchte eine Lösung. Und er war glücklich, als ihm ein Weg einfiel«, erinnert sich seine Ehefrau Tencha. »Er sagte: ›Ich kann sie nicht über Argentinien rausbringen, denn die dortige Militärregierung ist eine Gefahr für sie. Über Brasilien geht es noch schlechter. Auch Uruguay ist nicht sicher. Es ist nur möglich, es über Tahiti, via Osterinseln zu machen.‹«[9]

Und so geschieht es. Der Senatspräsident gibt den fünf Guerilleros, die im Nachbarland Bolivien die Regierung stürzen wollten, Geleitschutz nach einem sichen Zufluchtsort. Von Santiago aus fliegen sie zu sechst zu den fast 1000 Kilometer entfernten Osterinseln, die noch zu Chile gehören, und von dort weiter nach Tahiti. Von da aus ist der Weiterflug der fünf Gefährten Che Guevaras über Neuseeland und Europa nach Havanna gesichert.

Als der Flugbegleiter zurück ist in Santiago, zerreißt ihn die bürgerliche chilenische Presse in der Luft. Sie fordert seinen Rücktritt. »Ich glaube nicht«, so seine Frau Tencha in einem Interview, »dass die

Presse, weder die rechte noch die linke, diese humanitäre Geste Salvadors je verstand. Niemals ist er härter angegriffen worden. Mich hat es wütend gemacht, wenn ich die Zeitungen aufschlug und las, was sie geschrieben hatten. Er hätte das Prestige des Senats mit Füßen getreten, er müsse abgesetzt werden, weil er sich mit Guerilleros eingelassen habe.«[10]
Allende stellt sich den Angriffen im Fernsehen. Dem Direktor des *Mercurio* hält er vor, »dass sich die Möglichkeiten für die Volksbewegungen, die Macht in Chile über die Wahlurnen zu erreichen, immer mehr verringern. Daran hat der *Mercurio* eine große Schuld, durch seine unerbittliche, seine plumpe, seine permanente Verdrehung der Wahrheit und durch die Desinformation der Tatsachen. Ja, wir glauben, Herr Direktor, dass in der Welt die Gewalt immer öfter eskaliert, aber das geht vom Imperialismus aus.« Allende verweist auf das Beispiel Vietnam und setzt hinzu: »Ich hoffe und wünsche als Chilene, dass wir der Gewalt entgehen.«[11]

Das klingt schon nach Wahlkampfrede, obwohl es bis zur nächsten Runde im Jahr 1970 noch weit ist und manchmal danach aussieht, als würde der dreimalige Verlierer gar nicht wieder nominiert. Nicht wenige seiner Gefährten halten ihn inzwischen für verschlissen. Nicht wegen seiner moralischen Solidaritätsgeste für die Che-Leute. Die eigene Partei brüskiert ihn auf dem Parteitag in Chillán Ende 1967 in unerwarteter Weise mit kontroversen Beschlüssen. Jahrelang war sein Konzept vom friedlichen Weg zum Sozialismus auch das der Partei. Jahrelang haben die Mitglieder das mitgetragen. Nun zweifeln sie. Schon nach der Niederlage 1958 hatten seine Gegner innerhalb der Partei versucht, ihn kaltzustellen. Sie boten ihm 1961 an, für den Senat in den Wahlbezirken Aconcagua und Valparaíso zu kandidieren, wohl kalkulierend, dass es dort einen starken linken Mann gab – einen kommunistischen Doktor – und dass zwei Posten nicht zu holen waren. Allende – entgegen den Ratschlägen all seiner Freunde – nahm an und gewann den Senatorenplatz zusätzlich für

die Linke. Aber seine eigenmächtige Entscheidung damals »klang nach Selbstmord«, wie Carlos Jorquera schreibt. »Und es gab verschiedene Anwärter auf Staatsämter, die sich verfrüht anschickten, die politische Beerdigung desjenigen zu verkünden, der zweimal hintereinander die Verwegenheit besessen hatte, nach der Präsidentenschärpe zu greifen.«[12]
Nachdem sich das begehrte Tuch zum dritten Mal auf die Schulter eines politischen Gegners gesenkt hat, wächst die Unsicherheit in der Sozialistischen Partei über den »ewigen Kandidaten«.[13] Auf dem Parteitag im Jahr 1967 erreicht die Vertrauenskrise also ihren Höhepunkt. Vor hundertundfünfzehn Delegierten, die 50000 Mitglieder vertreten, nimmt die Parteiführung einen radikalen Schwenk vor. Der Flügel unter Carlos Altamirano setzt sich durch. Der Anwalt und Professor der Rechtsfakultät der Universität von Chile neigt eher zu linksradikalen Positionen. Und gilt auch als »besessen von der Idee, die Grenze zu den Kommunisten zu ziehen«.[14] Überdies besagt eine Deklaration zur nationalen politischen Position der Partei unter Punkt zwei, dass die »revolutionäre Gewalt unvermeidbar und legitim ist. Sie ist der einzige Weg, der zur Übernahme der politischen und ökonomischen Macht führt.«[15] Ausdrücklich heißt es, »die friedlichen oder legalen Kampfformen führen nicht zur Macht«.[16] Zugleich solidarisiert sich die Sozialistische Partei »mit allen Prozessen des sozialistischen Aufbaus in der Sowjetunion, in Osteuropa, Asien und Kuba«,[17] weist aber die Anwendung der Politik der Friedlichen Koexistenz, die von der sowjetischen Diplomatie und einigen Kommunistischen Parteien ausgeht, für Lateinamerika zurück.
Damit verändern sich die Positionen im politischen Koordinatensystem der Volksfront. Die Sozialistische Partei überholt die Kommunisten links. Allendes einstige Argumente für die Gründung der Sozialistischen Partei verflüchtigen sich. Damals wollte er eine marxistische Partei, die nicht in die Gefahr gerät, fremdgesteuert zu werden wie die Kommunisten durch die Komintern in Moskau, und sich ausschließlich auf die nationalen Belange konzentriert. Jetzt sind es

seine Sozialisten, die sich ihren »Vatikan« gesucht haben. Der kubanische Erfolg lässt sie die nüchterne Analyse der chilenischen Realität vergessen.
Allende, der seit 1951 nicht mehr im Zentralkomitee und inzwischen auch in keinem der verschiedenen Führungsgremien sitzt, meldet sich zu Wort. Seine Position weicht von der aktuellen offiziellen Linie ab. Als er sie darlegen will, kommt es zum Eklat. Enttäuscht und wütend kehrt er zurück nach Santiago. »Stell dir vor, was mir in Chillán passiert ist«, sagt er zu Carlos Briones, einem seiner engsten Freunde, »man hat mir nicht erlaubt zu sprechen. Und dazu haben sie mich ausgepfiffen. Meine eigenen Genossen!«[18]

Doch lange wird es nicht dauern, bis dem Geschmähten Genugtuung widerfährt. Im Lande wächst der Unmut über die Regierung Frei. Das führt zu einer Verschiebung des gesamten politischen Kräfteverhältnisses. Teile des Bürgertums rücken nach links. Den Sozialisten und Kommunisten schließen sich die Radikale Partei, die Bewegung der Einheitlichen Volksaktion MAPU, die Sozialdemokratische Partei und die Unabhängige Volksaktion API an und bilden am 17. Dezember 1969 das Bündnis Unidad Popular (Volkseinheit). Das gemeinsame Programm entsteht relativ rasch, trotz der politisch sehr unterschiedlichen Partner.
Schwierig wird es für die Sozialisten bei der Nominierung eines Anwärters für die Präsidentschaftskandidatur. Andere Namen werden genannt, aber niemand hat die Integrationsfähigkeit von Salvador Allende. Am Ende – nachdem die Regionalkomitees konsultiert worden sind – entscheidet sich die Führung der Sozialisten, wenn auch schweren Herzens, doch für ihn. Allerdings geben von den fünfundzwanzig Mitgliedern nur zwölf ihre Stimme ab, die anderen dreizehn enthalten sich.
Das ist kein gutes Signal an die anderen Parteien. Selbst die Leitung der Kommunistischen Partei sieht negative Aspekte in einem vierten Anlauf Allendes auf das Präsidentenamt. Der Generalsekretär

Luis Corvalán beschreibt den Zwiespalt seiner Leute so: »In jenen Momenten konnte man beobachten, dass Allende sich in seinen Reden in Wiederholungen erging, die mehr oder weniger bekannt waren. Die Volksbewegung war stärker gewachsen als er. Wir sagten es ihm freimütig. Seine erste Reaktion war: ›Wenn Sie denken, ich solle nicht der Kandidat sein, wenn ich nicht Ihr Vertrauen habe und das Vertrauen meiner Partei und der weiteren, dann ernennen Sie einfach einen anderen.‹«[19]
Drei der sechs UP-Partner tun das tatsächlich: Die Radikalen, API und MAPU stellen je einen eigenen Mann auf. Das Zünglein an der Waage sind schließlich die Kommunisten. Um eine Entscheidung zu beschleunigen, benennen sie Pablo Neruda, seit 1945 Mitglied der Partei, als eigenen Kandidaten – ein taktisches Manöver zur Unterstützung von Allende. Neruda akzeptiert, wohl wissend, dass die anderen sich nicht auf einen Kommunisten einigen werden. In seinen Memoiren steht: »In einem glücklichen Moment kam die Nachricht: Allende tauchte als möglicher Kandidat der gesamten Volksfront auf.«[20] Keiner erfühlte in diesem Augenblick wohl tiefer als der Dichter, dass ein chilenischer Sozialismus diese Galionsfigur brauchte.
Allende kommentiert seine späte Akzeptanz indessen so: »Ich bin ein unvermeidbares Übel.«[21] Wieder hat es der Sozialist geschafft. Und wieder dank der Arbeiter, der Bauern, der Fischer, der Tagelöhner aus den Häfen. Denn wenige Monate zuvor hatte er erneut im Süden des Landes, in Chiloé, Aysén und Magallanes, als Senator gewonnen. Jetzt gehen ihm überall auch die Frauen entgegen, sie wollen seine Hand drücken und sie geben ihm ihre Stimme. Sie sind es, die sein Schicksal bestimmen. Sein beharrliches Werben zahlt sich aus. Entgegen den Bedenken in den Führungsgremien ist Allende endlich bei den einfachen Leuten angekommen. Menschen, die langsam denken, die zögerlich sind, die es noch einmal mit einer bürgerlichen Regierung und einer christlichen Partei unter Frei versucht haben und enttäuscht sind, vertrauen ihm. Sie kennen ihn jetzt, sie haben allmählich auch verstanden, was sein Programm für Chile ist.

»Immer ist es die Basis der Partei gewesen, die mich gewählt hat«, weiß der Kandidat. »Das heißt, ich bin in der Basis gut verwurzelt und ich kenne ihr Denken. Viele Male war ich der Einzige – wie in Linares und in Talca geschehen –, der die Notwendigkeit der Volkseinheit unterstrich.«[22]

Wieder beginnt ein heftiger Wahlkampf. Landesweit, in Stadtvierteln, in den Fabriken, den Universitäten, bilden sich – über die an der UP beteiligten Parteien – 14800 Unidad-Popular-Komitees. Sie übernehmen einen Teil der Kampagne, verteilen Flugblätter, kleben Poster, schreiben Punkte des Wahlprogramms auf die Häuserwände. Allende trifft sich kurz mit den Führern der linksradikalen Organisation MIR. Er erreicht deren Zusage, vorläufig auf »direkte Aktionen« zu verzichten. Sein Programm ist vollgestopft bis obenhin. Wie immer, will er mit möglichst vielen Wählern sprechen. Sie sollen direkt von ihm über die geplanten ersten 40 Maßnahmen der Volksregierung informiert werden, über die Bodenreform, über den halben Liter Milch, den alle Schulkinder künftig kostenlos bekommen sollen, über die Nationalisierung der Bodenschätze und die Erhöhung der Mindestlöhne.

Einmal wird er von Kindheitserinnerungen eingeholt. Mama Rosa, seine einstige Amme, sucht ihn auf und beklagt sich, dass die Leute auf dem Gemüsemarkt La Vega ihr nicht glauben, dass er, der Präsidentschaftskandidat, ihr »Sohn« sei. Ins Gesicht hätten sie ihr gelacht, die vielen Nachbarn. Sie zittert vor Empörung. Allende ändert kurzentschlossen seinen Terminplan und streicht, was für den nächsten Tag im Programm steht. Arm in Arm spaziert er mit Mama Rosa am nächsten Vormittag durch La Vega, begrüßt die Händler und bestätigt jedem, dass er der »Sohn« von Mama Rosa ist.

4000 Kilometer Luftlinie von Norden nach Süden sind für den Wahlkämpfer in Chile zu bewältigen. Das ist ein Gewaltritt und setzt eisernen Willen und gute Gesundheit voraus. Dieses langgestreckte und geografisch geradezu überdehnte Land ist nicht für Wahlkampagnen gemacht. Allende aber beherrscht die Kunst des kurzen Ent-

spannens. »Er schlief, wann immer ihm danach war. Manchmal fuhren wir durch endloses, dürres Land im Norden Chiles. Allende schlief tief in der Ecke des Wagens. Plötzlich tauchte ein kleiner roter Punkt am Wege auf: Beim Näherkommen wurde eine Gruppe von fünfzehn oder zwanzig Männern daraus, mit Frauen und Kindern und Fahnen. Das Auto stoppte. Allende rieb sich die Augen, um der vertikalen Sonne und der kleinen singenden Gruppe entgegenzutreten. Er gesellte sich zu ihr und sang mit ihr die Nationalhymne. Danach redete er, lebendig, schnell und eloquent. Er kehrte zum Auto zurück und wir rollten weiter auf den langen Wegen Chiles. Wieder ergab sich Allende mühelos dem Schlaf. Alle 25 Minuten wiederholte sich die Szene; Gruppe, Fahnen, Gesang, Rede und Rückkehr in den Schlaf. Sich den immensen Manifestationen von Abertausenden Chilenen stellend, vom Auto auf den Zug umsteigend, vom Zug ins Flugzeug, vom Flugzeug auf das Schiff, vom Schiff aufs Pferd; Allende erfüllte ohne zu zögern das Tagespensum jener erschöpfenden Monate. Auf der Strecke blieben fast alle Mitglieder seines Teams.«[23]
So hat es Pablo Neruda in seinen Erinnerungen an den Wahlkampfgefährten Salvador Allende festgehalten.

Der Durchbruch

Allende, der Unbelehrbare? Dreimal ist er gleichsam gegen eine Wand gerannt, als Präsidentschaftskandidat der Jahre 1952, 1958 und 1964, der linke Rhetoriker, der von vielen Ehrgeizlingen unter seiner politischen Gegnerschaft wegen seines hellwachen Verstandes, seines taktischen Geschicks und seiner Gefolgschaft in beinahe allen Kreisen der Gesellschaft heimlich bewundert wird. Gegen eine Wand, gebildet aus dem Urgestein des Besitzdenkens, zusammengehalten vom Mörtel des Klasseninstinkts, der dem weiten gesellschaftlichen Spektrum vom Oligarchen bis zum kleinen Mittelständler zu eigen ist. Das Grundgefühl besagt, es könne nicht gutgehen, wenn zuviel des Guten dem einfachen, arbeitenden Volk versprochen wird, das die unternehmerischen Risiken nicht trägt und durch sein Anspruchsverhalten der Wirtschaft nur Schaden antun könne.

Aber diese Wand ist brüchig geworden. Die Handels- und Industriebourgeoisie verlangt nach einer Modernisierung der wirtschaftlichen Rahmenbedingungen, um sich der internationalen Konkurrenz zu stellen. Junge Akademiker beziehen ihr Gedankengut für die Durchlüftung der schimmligen Gesellschaft weniger aus den traditionellen chilenischen Werten als vielmehr aus den Ideen, die sie im Ausland gewinnen. Die einen sympathisieren mit Milton Friedmans Chicago Boys und deren harschem Neoliberalismus, andere mit sozialistischen Visionen, wie man sie in Moskau, Peking oder Havanna vernehmen kann, dritte mit den gegen alle vorgefundenen Verhältnisse rebellierenden Studenten von Paris bis Westberlin.

Zwischen den Risikobereiten und den Besitzstandsbewahrern, zwischen den Modernisierern und den Konservativen in der chilenischen Elite tut sich ein Riss auf. Die Reformen des Präsidenten Frei, so zaghaft er sie angegangen hat, werden von der Oligarchie fast schon als Verrat angesehen. Ein Wahlbündnis der Rechten mit den Christdemokraten, das 1964 auf dem gemeinsamen Wunsch gründete, Allendes Einzug in das Präsidentenamt zu verhindern, steht für

den Wahlgang 1970 nicht mehr in Aussicht. In aller Diskretion verabredet der neue christdemokratische Kandidat Radomiro Tomic mit Allende, dass der eine dem anderen seine Unterstützung zukommen lassen werde, wenn für den jeweiligen Kontrahenten ein Vorsprung von mindestens 30000 Stimmen ausgezählt werde. Auf diese Weise wollen sich die Christdemokraten den gemeinsamen Kandidaten der rechten Parteien vom Halse halten, den vierundsiebzigjährigen Jorge Alessandri, der schon 1964 abgewirtschaftet hatte, nun aber wieder – schlecht geschminkt und leicht hinfällig, wie Alejandra Rojas schreibt – vor die Fernsehkameras tritt, gestützt von zwei Millionen US-Dollar für seine Medienkampagne.
Natürlich glaubt Tomic an seinen und nicht an Allendes Sieg. Das Wahlprogramm des Rechtsanwalts scheint sogar streckenweise bei der Unidad Popular abgeschrieben. Auch bei ihm ist die Rede von Verstaatlichung des Kupfers und der Nationalbank, von Landreform, neuer Verfassung und einer offenen Außenpolitik, unbeeinflusst vom Kalten Krieg. Tomic schlägt einen zum Verwechseln ähnlichen Begriff für den Fall seiner Präsidentschaft vor, nämlich Unidad del Pueblo, Einheit des Volkes. Das soll ihn für die Linke wählbar machen.
Dafür ist es offenbar aber zu spät. Mit der Nominierung Allendes hat sich die Sozialistische Partei den Hoffnungsträger bewahrt. Ob er so genannt werden will oder nicht, er zieht nun als Galionsfigur aller Linken durch das Land. Jetzt bestimmen nicht mehr so sehr die Diskussionen in Gewerkschaftszentren und Sportclubs, auf Dorfversammlungen und Schulhöfen den Wahlkampf, sondern Demonstrationen. »Sie hatten etwas von einem Rockkonzert an sich, einer Massenveranstaltung, einer kollektiven Hysterie«, erinnert sich Rojas. »Die Magie der Vorbilder durfte nicht fehlen. Auf der Bühne wechseln sich Komiker, Dichter und Schriftsteller ab, die Sänger verlassen die Einsamkeit ihrer Clubs, um auf die Straßen zu strömen, wo die Musik zu einem Brausen und Toben angewachsen ist.«[1] Der Sänger Victor Jara, die Gruppe Quilapayún und andere verleihen der chilenischen Musik einen Ton, der bald weltweit wahrgenommen wird. Die Demonstrationen dürfe man

sich nicht als disziplinierte Veranstaltungen in Reih und Glied vorstellen, sagt Rojas, »sie sind ein einziges Chaos, eine Ausuferung an Enthusiasmus und Lärm, wallende Kraft aller Benachteiligten, die im engen Fahrwasser der Demokratie schwimmen. Für jeden Geschmack ist etwas dabei, für die revolutionären Bürgerlichen und die reformistischen Proletarier, für Asketen und Hedonisten, für Mystiker und Opportunisten. Wie könnte man sonst eine Million Chilenen auf die Straße bringen?«[2] Die Farbe Olivgrün steht für die Sozialistische Partei, Rot für die kommunistische Jugend, Grün für die MAPU, Rotschwarz für die MIR. »Zwischen Fahnen und Uniformen tummeln sich die, die keiner Partei angehören, die eher ihrem Gespür als ihrer Überzeugung folgen, die etwas zu gewinnen und nichts zu verlieren haben.«[3] Und über allen das Porträt des Genossen Allende.

Die Gegenseite ist nicht minder aktiv. Jeder Demonstrationszug trifft auf einen Gegenzug, von rechts außen wie von links außen werden Steine geworfen, Parteizentralen angegriffen. Auf den Eisenbahnzug, mit dem Allende nach dem Süden reist, wird ein Bombenanschlag verübt. Der Einundsechzigjährige ist den physischen Belastungen einen Augenblick lang nicht mehr gewachsen und erleidet einen Herzanfall, den er der Öffentlichkeit verschweigen will. Von seiner Tochter Beatriz, die Ärztin ist, zur Bettruhe gezwungen, dirigiert er das Geschehen von Guardia Vieja aus ein paar Tage lang per Telefon. Als die Presse davon Wind kriegt und über die Rücknahme seiner Kandidatur spekuliert, meldet er sich bei einem Radiosender und spottet: »Wenn ihr mich interviewen wollt, dann ladet mich zu gutem Essen und gutem Wein ein.«[4]

Am Wahlabend, es ist der 4. September 1970, gleicht der Wohnsitz der Allendes einer Fieberbaracke. Seine Mitarbeiter halten nicht nur das Arbeitszimmer, sondern auch das Wohnzimmer und den Arbeitsraum der Sekretärin besetzt. Irgendwann gegen 23 Uhr hält es auch der Hausherr nicht mehr aus und ruft den Stadtkommandanten, General Camilo Valenzuela, an. Man solle seinen Anhängern eine Demonstration genehmigen, es werde alles friedlich abgehen. Eigentlich ist die

Anfrage ein Test auf das Wahlergebnis, der Antrag auf eine Siegesfeier. Der General muss dazu die Regierung befragen, und als er zurückruft und die Kundgebung genehmigt, entsteigt dem Haus in Guardia Vieja ein Freudenschrei, den man in Santiago weithin vernimmt. Gegen Mitternacht liegt das Ergebnis vor: 1 075 616 Chilenen, das sind 36,3 Prozent der Wähler, haben bei den Präsidentenwahlen für den Kandidaten der Unidad Popular gestimmt. »Ich habe die Ansicht widerlegt, dass aller guten Dinge drei sind«, sagt Allende, als er sich endlich etwas abgekühlt hat. »Nein: aller guten Dinge sind vier.«[5]
Seine Anhänger strömen auf die Straßen. Eine solche Euphorie hat Chile selten erlebt. Die Massen sammeln sich vor dem Gebäude der Studentenföderation in Santiago gegenüber dem Berg Santa Lucía. Nichts ist vorbereitet. Aber die Jubelnden können nicht warten. Dort vom Balkon wendet sich Salvador Allende im Morgengrauen des 5. September 1970 an das Volk. »Von hier aus erkläre ich feierlich, dass ich die Rechte aller Chilenen respektieren werde. Aber ich erkläre auch, und ich will, dass Sie es definitiv wissen: Indem wir in die Moneda einziehen und indem das Volk Regierung wird, erfüllen wir ein historisches Versprechen und verwandeln das Programm der Unidad Popular in Realität.«[6]
Gegen zwei Uhr morgens meldet sich Radomiro Tomic telefonisch bei Allende in Guardia Vieja und gratuliert. Der Christdemokrat hat 824 849 Stimmen erhalten, das sind 27 Prozent, er ist nur Dritter geworden, liegt weit mehr als 30 000 Stimmen zurück und bleibt bei seiner Zusage. Er will im Kongress mit den Abgeordneten seiner Partei die Ernennung Allendes zum Präsidenten unterstützen. Das Volk feiert indessen die ganze Nacht durch. Man tanzt Cueca, den chilenischen Nationaltanz, und immer wieder erklingt die Nationalhymne.
Der Präsidentschaftskandidat mit der relativen Mehrheit ist von diesem Tag an ein gefragter Mann für die Weltpresse. In Scharen reisen die Korrespondenten nach Chile, darunter der mexikanische Journalist Julio Scherer García, der für die Zeitung *Excelsior* arbeitet:

Herr Präsident, wollen Sie so regieren wie Fidel Castro in Kuba?
Die kubanische Revolution war aus Zucker und Rum. Unsere wird aus Empanadas (gefüllte Teigtaschen) und Rotwein sein.

Wie soll die neue Gesellschaft, von der so viel die Rede ist, aussehen?
Dass es keine Bürger erster Klasse, zweiter Klasse und dritter Klasse gibt.

Man sagt, Sie bewundern vor allem Mao, Ho Chi Minh, Che Guevara und Castro. Schließt diese Bewunderung nicht eine innerliche politische Haltung ein?
Fügen Sie hinzu: ich bewundere auch Christus, Lázaro Cárdenas, Bolívar, O'Higgins, Morelos, Miranda, Lenin und viele andere.

Aber in Ihrem Haus hängen nur Bilder der ersten vier?
Es sind Bilder mit Widmungen von Castro, Che Guevara, Ho Chi Minh und Mao. Möchten Sie, dass ich ein Bild mit einer Widmung von Christus aufhänge?

Werden Sie die Banken nationalisieren?
Selbstverständlich. Ich halte es mit dem Theatermann Brecht und seiner alten Maxime, ich sage es im Scherz, unter uns: Was ist das größere Vergehen: eine Bank zu gründen oder eine Bank auszurauben?

Was ist nach Ihrer Meinung die schlimmste Sünde des großen Bruders USA?
Seine Dollars und seine Marineinfanterie.

Wer ist besser dran, ein sozialistisches Regime, das über Wahlen an die Macht kommt, oder eines, das den Weg der Revolution gewählt hat?
Wer über den demokratischen Weg an die Macht kommt, ist natürlich im Nachteil. Er muss alle gültigen Normen respektieren. Und innerhalb dieser die neuen Formen erreichen.[7]

Wie steinig dieser demokratische Weg werden wird, das spürt Allende sofort. Am nächsten Morgen zeigt sich Panik im rechtsbürgerlichen Lager. An allen Banken Chiles bilden sich Schlangen. Wer Geld hat, verbringt es möglichst ins Ausland. Die Zentralbank muss Banknoten im Wert von 30 Millionen Escudos herausgeben, damit die Nachfrage befriedigt werden kann. In den folgenden Tagen schnellt die Zahl der Anträge auf Reisepässe von 80 pro Tag hoch auf 500. LAN, die chilenische Luftfahrtgesellschaft, gibt bekannt, dass alle Flüge in andere Länder Amerikas und nach Europa für die nächsten Wochen ausgebucht sind. Argentinische Immobilienagenturen melden eine rasante Nachfrage nach großen Villen am Stadtrand von Buenos Aires für betuchte Käufer aus Chile.

Der Abfluss von Geld und die Ausreisewelle schlagen auf die Volkswirtschaft durch. 35 Unternehmen, vor allem der Textilindustrie, stellen die Arbeit ein. Von einem argentinischen Journalisten nach den Gründen für den Kapitalexodus gefragt, entgegnet Allende: »Ich erkenne an, dass es eine kleine Gruppe von Personen gibt, die mit monopolistischen Interessen und denen des großen Auslandskapitals verbunden ist und die reale, verständliche und ich würde sogar sagen legitime Gründe hat, alarmiert zu sein. Denn sie weiß genau, dass ihre Privilegien verschwinden. Aber wir haben dabei weder Diskriminierung noch Revanche im Sinn. Es geht um das Interesse Chiles und die Notwendigkeiten unserer Entwicklung sowie unsere ökonomische Unabhängigkeit.«[8]

Erst einmal bleibt die Entscheidung des Kongresses abzuwarten. Allende mit seiner relativen Mehrheit ist noch vom Votum des Kongresses am 24. Oktober abhängig. Eigentlich eine Formsache, denn traditionell bestätigt der Kongress den Kandidaten mit den meisten Stimmen. Die wenigsten chilenischen Präsidenten haben je die absolute Mehrheit erreicht. Aber die Rechten geben noch nicht auf. Ihr Kandidat Jorge Alessandri versucht auf dem Paragrafenweg einen Trick. Er war bei den Wahlen mit 34,9 Prozent nur Zweiter, schlägt aber nun vor, der Kongress solle ihn zum Interimspräsidenten wählen. Dann würde er sofort

zurücktreten und Neuwahlen anberaumen, bei denen sich die gesamte Opposition auf einen anderen Christdemokraten als Tomic, nämlich den altbekannten Eduardo Frei, konzentrieren könnte. Der werde dann wohl von einer deutlichen Mehrheit der Chilenen akzeptiert.
Alessandri weiß sich der US-amerikanischen Unterstützung sicher. Der US-Botschafter in Santiago, Edward Korry, hat nach Washington gekabelt: »Es wird tiefe Wirkung auf Lateinamerika und den Rest der Welt haben; wir haben eine ernste Niederlage erlitten.«[9] Das State Department stattet den Botschafter unverzüglich mit 250000 Dollar Handgeld aus, um die Abstimmung im Kongress zu beeinflussen. Der Vertreter des Konzerns ITT, John McCone, verspricht dem CIA-Direktor Richard Helms während eines Treffens mit dem Berater für Nationale Sicherheit, Henry Kissinger, eine Million Dollar für jeglichen Plan, Allende zu stoppen. Ein Strom von US-Angestellten stellt Visumsanträge für Chile.
Von Chile aus macht sich unterdessen Augustin Edwards, einer der exponiertesten Vertreter des einheimischen Großkapitals, auf die Reise nach Washington. Die Familie Edwards herrscht über Banken und Industrieunternehmen und gilt als eine der einflussreichsten in dem südamerikanischen Land. Augustin Edwards ist Herausgeber des *Mercurio* und Vizepräsident von Pepsi-Cola International.
In Washington trifft sich der besorgte Multimillionär zunächst mit Donald Kendall, dem Präsidenten von Pepsi-Cola, und wohnt wohl auch in dessen Haus. Der Gastgeber ist ein enger Freund von US-Präsident Richard Nixon. Er arrangiert sogleich ein Frühstück mit Sicherheitsberater Henry Kissinger. Dieser empfiehlt seinem Präsidenten, selbst mit Edwards zu sprechen.
Bei einem Mittagessen im Weißen Haus erhält Edwards die Gelegenheit, die Lage aus seiner Sicht zu analysieren und mit aller Beredsamkeit die Gefahren aufzuzählen, die Leuten wie ihm drohen, und den Interessen der USA nicht minder. Nixon ist beunruhigt. Als er wenige Tage später Botschafter Korry empfängt, überrascht er diesen mit dem Ausruf: »Dieser Hurensohn, dieser Hurensohn!« Da der Di-

plomat den rauen Scherz des Präsidenten nicht gleich versteht, fügt der schnell hinzu: »Nicht Sie, Herr Botschafter, sind gemeint. Ich spreche von dem Bastard Allende.«[10]

Der Mann im Weißen Haus will Taten sehen. Am 15. September erteilt er der CIA den Auftrag, eine »massive verdeckte Intervention in Chile zu initiieren«.[11] In Langley wird eine Special Task Force gebildet. Sie umfasst zwei Einheiten. Die eine konzentriert sich auf die Bearbeitung der Parlamentarier, die andere auf einen Militärputsch. Im Sprachgebrauch der CIA handelt es dabei um Plan Track I und Track II. Banken und Unternehmen erhalten die Anweisung, Kredite und Warenlieferungen für Chile zu verzögern. Bei einem Staatsbesuch in London Anfang Oktober fordert Nixon die britische Regierung auf, diesem Beispiel zu folgen. Man müsse, wie der US-Präsident es formuliert, »die Wirtschaft zum Schreien bringen«.[12] Zum ersten Mal taucht im State Department die Idee auf, in Chile einen wirtschaftlichen Kollaps zu provozieren.

Jedoch, bis zur Kongressentscheidung ist die Zeit dafür zu kurz. Der amtierende Präsident Frei wird gedrängt, seine Regierung sofort aufzulösen und ein neues Kabinett aus Militärs zu bilden, aber »der Mann hat die Hosen nicht an«, urteilt Botschafter Korry.[13]

Bliebe noch die chilenische Armee. Doch dort sind die Verhältnisse noch nicht im Sinne der CIA geordnet. In einer Analyse der US-Botschaft scheidet die Putschoption vorerst aus: »Das chilenische Militär wird nichts – ich wiederhole – nichts tun, um Allendes Amtsantritt zu verhindern«, schreibt Korry am 12. September.[14]

Das ist richtig erkannt, denn dort steht ihnen ein Mann entgegen, der für keinerlei Ränkespiel zu haben ist: der General René Schneider. Der Oberbefehlshaber des Heeres, fünf Jahre jünger als Allende und wie dieser streng verfassungstreu, würde sich niemals eine Gesetzesübertretung gestatten. Er hat das Wahlergebnis ausdrücklich anerkannt. Seine Erklärungen zur Nichteinmischung der Armee in die politischen Geschehnisse tragen in den öffentlichen Diskussionen das Etikett Schneider-Doktrin.

Kissinger äußert in einem vertraulichen Gespräch in Washington die Ansicht, dieser Mann müsse weg von seinem Posten. Das versteht die CIA auf ihre Weise. Die Undercover-Agenten in Santiago bekommen den Auftrag, »Militärs zu suchen und zu kontaktieren, die einem Putsch zugeneigt sind, ihnen zu verstehen zu geben, dass die USA zu voller Unterstützung bereit sind, um durch Propaganda, Desinformation und terroristische Aktivitäten ein Putsch-Klima zu fördern, das für Stimulus und Vorwand bei den Militärs sorgt«.[15] Gezielte Falschinformationen – mindestens drei pro Tag, so ist die Anweisung – sollen die Stimmung anheizen. Denn »das Öl für das Feuer muss von Chile selbst kommen. Der Schlüssel ist ein Psycho-Krieg innerhalb Chiles«, heißt es in einem CIA-Dokument.[16] Pressemeldungen werden lanciert, die behaupten, es gäbe Pläne Allendes, die chilenischen Geheimdienste nach sowjetischem und kubanischem Muster zu organisieren und damit einen Überwachungsstaat zu schaffen. Eine der Botschaften an die Generäle lautet, dass die USA die Militärhilfe kürzen werden, wenn die Armee nicht gegen Allende vorgehe. Das Wichtigste sei, den Oberbefehlshaber »General Schneider zu neutralisieren«, lässt Botschafter Korry wissen.[17]
Am 7. Oktober trifft der US-Militärattaché in Santiago, Colonel Paul Wimert, Mitglieder des chilenischen Militärs und bespricht mit ihnen einen Plan, den Oberbefehlshaber zu entführen. Man werde ihn nach Argentinien bringen, die ganze Sache den Linken in die Schuhe schieben, bei der vorgetäuschten Suche nach ihm die Arbeiterviertel durchkämmen und dann das Militär an die Macht bringen und den Kongress auflösen. Der entlassene General Roberto Viaux und General Camilo Valenzuela sind bereit, gegen eine Entlohnung von 50000 Dollar die Ausführung zu übernehmen.
Zweimal setzen die Verschwörer vergeblich zu dem Versuch an, Schneider zu verschleppen. In der Nacht des 22. Oktober – es fehlen noch zwei Tage bis zur Kongresssitzung, auf der Allende voraussichtlich zum Präsidenten ernannt wird – tritt der Plan Alfa in Kraft. Der US-Militärattaché übergibt einem chilenischen Offizier Handfeuer-

waffen und Munition, die über die Botschaft in Chile eingeschleust worden sind. Am Morgen, gegen 8.20 Uhr, passiert der Wagen des Oberkommandierenden der Armee auf dem Weg zum Verteidigungsministerium die Straßenkreuzung der Avenida Martín de Zamora und Américo Vespucio. Mehrere Fahrzeuge – nach einigen Darstellungen ist es nur ein Jeep – schneiden ihm den Weg ab. Männer springen heraus, umzingeln Schneiders Auto, einer schlägt mit dem Schmiedehammer die linke Scheibe ein. Der General will sich mit seiner Dienstwaffe wehren, da drehen die Kidnapper durch. Schneider wird von drei Schüssen getroffen. Die Täter fliehen, ihr Opfer stirbt drei Tage später im Militärkrankenhaus, ohne das Bewusstsein wiedererlangt zu haben. Der noch amtierende Präsident Frei verhängt den Ausnahmezustand.

Allende verlangt einen sofortigen Termin bei Frei. Sehr ernst informiert er ihn, dass sein Leben bedroht sei und nennt die Beweise. Von der früheren Herzlichkeit, die beide Männer verband, ist nichts mehr da. Die Atmosphäre bleibt eisig, bis Frei kurz aus seinem Schaukelstuhl aufsteht. Schnell erhebt sich auch Allende, besetzt den Schaukelstuhl und wippt einmal kräftig vor und zurück. »Wie mache ich mich?«,[18] fragt er den noch amtierenden Präsidenten. Das Ergebnis ist zumindest ein gelöstes Lachen.

Das Attentat auf den Oberbefehlshaber schweißt die Chilenen für einen Moment zusammen. Die politische Elite will sich nicht nachsagen lassen, dass Chile eine Bananenrepublik sei, und so sammeln sich die meisten Kongressmitglieder hinter der Verfassung. Die fünfundsiebzig christdemokratischen Parlamentarier, die sonst in zwei Gruppen zerstritten sind, folgen ihrem linken Flügelmann Radomiro Tomic. Sie verständigen sich darauf, von Allende und der Unidad Popular ein Statut demokratischer Garantien zu verlangen und ihm im Gegenzug im Kongress die Stimmen zu geben. Das Dokument verpflichtet die künftige Regierung zu Garantien für die politischen Parteien, Pressefreiheit, Versammlungsfreiheit, Freiheit im Bildungswesen, Postgeheimnis, freie Arbeitswahl und anderes, was mit der allgemeinen

Zusicherung Allendes, die Verfassung zu respektieren, eigentlich bereits abgedeckt ist. Unter dem Punkt Bewaffnete Streitkräfte steht, die öffentliche Gewalt wird einzig und allein durch die Streitkräfte und die Carabineros ausgeübt. Allende unterzeichnet das Abkommen und der Kongress entscheidet mit 153 Stimmen zu seinen Gunsten.

3. November 1970: Allende mit Präsidentenschärpe, die er aus der Hand seines Amtsvorgängers Eduardo Frei (r.) erhielt

Aus Anlass der Amtseinführung des neuen Präsidenten findet in der Kathedrale von Santiago ein Tedeum statt – auf Wunsch Allendes nicht nur mit Vertretern der Katholischen Kirche, sondern mit Gästen aller Glaubensrichtungen und aller anderen Kirchen des Landes. »Das Reich, das wir erhoffen, beginnt man hier zu bauen, und eine seiner Säulen ist die Gerechtigkeit«, predigt der Erzbischof von Santiago, Kardinal Raúl Silva Henríquez. »Deshalb zögern wir in einem rein religiösen Akt wie dem jetzigen nicht, von einer dringenden Mission zu sprechen, die uns alle verpflichtet. Uns alle. Diejenigen, die ein legitimes Mandat des Volkes bekommen haben, und uns, die wir ein authentisches Mandat von Gott haben. Zwei Mandate, die auf verschiedenen und sich ergänzenden Wegen auf dieselbe, dringende Aufgabe der Befreiung zielen. Gott, der in Jesus sich mit den Armen und Unterdrückten identifiziert hat, wird uns richten nach unserer Treue zu diesem Mandat.«[19]

Aus aller Welt treffen inzwischen Glückwünsche ein, auch vom Papst und von Tschou En-lai, dem Ministerpräsidenten Chinas, eines Landes, mit dem noch keine diplomatischen Beziehungen bestehen. Die US-Regierung dagegen setzt die Regeln der diplomatischen Höflichkeit aus und schweigt.

Am 3. November, in einem feierlichen Übergang der Präsidentschaft von Eduardo Frei auf Salvador Allende vor beiden Kammern des Parlaments, wird Allende die Präsidentenschärpe umgelegt. Ein Foto zeigt seine ernste Konzentration, mit der er beim Ordnen des breiten Bandes hilft. Es ist geschafft. Der Sozialistenführer zieht in die Moneda ein und nimmt nun nicht nur den Schaukelstuhl, sondern endlich auch den Regierungssessel ein.

Der Präsident auf dem Beichtstuhl

Im November 1970, noch im Monat seines Präsidentschaftsantritts, stellt sich Salvador Allende einem ungewöhnlich tiefgreifenden Interview. Darin legt er, der nie ein revolutionstheoretisches Werk geschrieben hat, detailliert wie nie zuvor und nie danach seine Ansichten zu der Frage dar, ob und wie man in seinem Land auf parlamentarischem Weg die Voraussetzungen für eine totale, für eine revolutionäre Umwälzung der Gesellschaft schaffen könne. Er spricht über seinen Marxismus und den Klassenkampf in Chile.

Der Befrager ist Régis Debray, eine schillernde Figur der westeuropäischen Linken jener Zeit. Der dreißigjährige französische Publizist und Philosoph hat zuerst mit seiner essayistischen Expertise *Revolution in der Revolution? Bewaffneter Kampf und politischer Kampf in Lateinamerika* auf sich aufmerksam gemacht. Im Jahr 1967 marschierte er ein paar Wochen mit den Kämpfern Che Guevaras durch den bolivianischen Dschungel, fiel bei einem Absetzversuch den Militärs in die Hände und wurde zu 30 Jahren Haft verurteilt. Drei Jahre später, während des kurzen zivilen Zwischenspiels der linksnationalen Regierung José Torres in La Paz, kam er frei.

Für den Franzosen ist der Chile-Ausflug eher ein kokettes Zwischenspiel bei seinem Aufstieg in die Etagen der Macht zu Hause in Frankreich – in den achtziger Jahren wird er sich als außenpolitischer Berater des Präsidenten François Mitterrand etablieren. Zur Zeit der Unidad Popular, also 1970, zählt er sich noch zur Sympathisantenszene der lateinamerikanischen Revolutionäre und vermag mit Scharfsinn und stilistischer Eleganz das riskante Kräftespiel Allendes zu durchleuchten und das Gefahrenpotenzial zu analysieren, dem dieser in der chilenischen Gesellschaft ausgesetzt ist. »Die Liebhaber von Heldenliedern werden gebeten, ihre Ferien anderswo zu verbringen«, spottet er gegen seine damaligen europäischen Gesinnungsfreunde, »für die ›lyrische Illusion‹ ist jetzt in Chile kein Platz. Auf einem Kontinent, auf dem der letzte Oberst pro Tag drei Reden über

die nationale Revolution hält, müssen sich die Chilenen mit einer Regierung begnügen, die sich bescheiden ›Volksregierung‹ nennt.«[1]
Debray will herausfinden, wie in Chile revolutionäre Gesinnungsethik und situationsgerechte Verantwortungsethik zusammenspielen können, eine Frage, von der sich viele westeuropäische Linke Aufschlüsse für ihre theoretischen Debatten über die Zukunft der Entwicklungsländer erwarten. Er lässt sich gern mit Genosse anreden, gibt sich aber als Skeptiker. Eine Ahnung begleitet ihn, welche verheerenden Auswirkungen ein langanhaltender politischer Boykott der alten Machteliten gegen die Unidad Popular auf Allendes Regierungsfähigkeit haben könnte, sollte sich die Lebenslage der hoffnungsvollen Massen eines Tages dramatisch verschlechtern.
Laut Debray laufe in Chile »ein subtiles und gefährliches Spiel, dessen Härte sich immer weniger hinter dem Anschein jener urbanen Herzlichkeit, die der charakteristische Zug der Chilenen sein soll, verbergen kann«. Die Ereignisse beschleunigten sich in dem Maße, wie die Klassengegensätze sich zuspitzten. »Sicher ist jedenfalls«, so notiert der Allende-Interviewer prophetisch, »dass der Weg von höflichem Hass zu offener Feindseligkeit kürzer ist, als man auf beiden Seiten geglaubt hat.«[2] Der Franzose bemerkt eine ausufernde Debattiersucht im Fernsehen und im Parlament: »Da wird vor allem darüber disputiert, ob dieser Gesetzentwurf legal ist, ob jenes Nationalisierungsdekret in die Zuständigkeit der Exekutive gehört oder nicht, ob die Arbeiter nicht eventuell jenen Verfassungsartikel falsch interpretiert hätten, als sie die Besitzer einer in Konkurs gegangenen Fabrik vor die Tür setzten.«[3] Hinter dem Vorhang dieser Advokatendiskussion um Legalitätsprinzipien verberge sich jedoch »ein Kampfplatz, auf dem sich über das ganze Land hin Ausgebeutete und Ausbeuter, Bauern und Großgrundbesitzer, Arbeiter und Trusts, Patrioten und Imperialisten brutal gegenüberstehen.«[4]
Studentenführer, Gesundheitsminister und Senatspräsident – angesichts dieses langen Marsches durch die bürgerlichen Institutionen stellt sich für Debray die Frage, wie es Allende denn geschafft habe,

sich in einen Führer der Massen zu verwandeln in einem politischen Prozess, der auf die Revolution ziele. »Ich verstehe mich als kreolischen Politiker, der seinen Weg in engem Kontakt mit dem Volke geht«, erwidert Allende und beruft sich auf die lange Reihe revolutionärer Führer in der Geschichte Chiles, die ebenfalls aus der kleineren oder mittleren Bourgeoisie stammten. »Ich habe immer in die Institutionen, die du aufgezählt hast, meinen politischen Standpunkt mitgenommen, und der hat immer die Sehnsucht des Volkes nach sozialer Gerechtigkeit dargestellt.«[5]

Der Zweiundsechzigjährige duzt seinen kaum halb so alten Gast, während dieser bei einem sehr respektvollen Sie bleibt und mitunter sogar ein wenig Scheu zeigt, investigativ nachzuhaken. Zum Beispiel, als Allende von seiner ersten Begegnung 1959 in Kuba mit Fidel Castro berichtet, diesem »unglaublichen und umwerfenden Kerl, eine Art menschlichen Kataraktes«[6], den eine überströmende Intelligenz auszeichne und mit dem er dennoch Diskussionen gehabt habe, »tiefe und heftige«.[7] So wechselt der Gesprächsfluss schnell auf andere Personen der Zeitgeschichte, zuerst auf Che Guevara, dann auf den Chinesen Tschou En-lai und dann auf den Vietnamesen Ho Chi Minh. Der chilenische Sozialistenführer liefert beiläufig Indizien dafür, dass ihm Zurückhaltung und Nachdenklichkeit bei Gesinnungsfreunden offenbar wohler tat als eine Dominanz, wie Fidel Castro sie verströmte. Che und Tschou, so bekennt Allende, hätten ihn durch eine gemeinsame Eigenschaft beeindruckt: »In beider Blick war innere Stärke, in beider Blick war Festigkeit, in beider Blick war Ironie.« In Guevaras Gesicht habe er die Antworten lesen können, bevor er die Worte vernahm: »In seinen Augen sah ich oft Zartheit und Einsamkeit. Was mich immer betroffen machte, war diese Antwort, die ich ungesagt in seinen Augen sah.«[8]

Und schließlich Ho Chi Minh, den er am 23. Mai 1969 in Hanoi traf, mitten im Krieg, den die US-amerikanische Armee in diesem südostasiatischen Land führte. Der vietnamesische Staatspräsident trat ihm sogar mit ein paar Worten auf Spanisch entgegen, mit Erinnerungen aus einer Zeit, als er noch als Küchenhelfer auf Handelsschiffen die Küsten Lateinamerikas befuhr: »Ein Greis von durchscheinendem Blick, von einer unglaublichen Bescheidenheit, von dem ich wusste, dass er der Gründer der Kommunistischen Partei Indochinas war, der die Japaner und die Franzosen geschlagen hatte und nun dabei war, die Amerikaner zu schlagen. Stell dir vor, dass er die ganze Zeit, die wir wirklich zusammen waren, immer wieder von den Kindern gesprochen hat, die ihn Onkel Ho nannten.«[9]

Unverkennbar schwingen da Allendes eigene Sehnsüchte mit. Er hat sich durchgesetzt mit seiner Überzeugungskraft, er hat die Massen mitgerissen auf den Wahlveranstaltungen, er hat Tausende Hände geschüttelt, aber ist er wirklich ein Mann des Volkes? Er hat nichts Kumpelhaftes an sich, er achtet auf gute Manieren, er legt es überhaupt nicht darauf an, seine Herkunft aus bürgerlichem Hause zu verleugnen. Es bleibt immer ein gesellschaftlicher Abstand, aber es waltet auch ein Charme, der das atmosphärisch überbrückt. »Mit durchgescheuerten Ellbogen oder wenn ich mich nicht duschen würde, wäre ich kein besserer Revolutionär«, hat er im Wahlkampf angemerkt.[10] Jetzt geht er in die Betriebe und auf die Baustellen und sagt: »Ich bin der Verantwortliche und ich bin hier, Freunde, um euch ins Gesicht zu schauen. Ohne die Augen zu senken, ohne zu bitten, dass ihr mir zuhört, sondern ich spreche zu euch mit dem Recht, das mir meine Jahre des Kampfes und die Treue zum Volk geben.«[11] Und das Amt des Genossen Präsidenten im Moneda-Palast, mit Protokoll, Präsidentenresidenz in Tomás Moro und Leibwache?, fragt Debray. Der Chilene könnte nicht in einem Gartenhaus aus Bambus wohnen, wie der Vietnamese in Hanoi es tat – seine Bürgerlichkeit ließe das nicht zu. Debray will wissen, ob diese neuen Arbeits- und Lebensumstände nicht etwas Lähmendes mit sich brächten: Formalismus und die Gefahr, »dass die Institution Sie nach und nach beherrscht«.[12]

»Hier trägt bei den offiziellen Veranstaltungen keiner mehr einen Frack, und genauso wenig benutzen wir noch die Gala-Kutschen«, entgegnet Allende. »Wir haben mit dem traditionellen Begriff des

Protokolls gebrochen. Warum? Weil wir den Leuten unseren Gesichtspunkt darlegen, ihnen zeigen, wer wir sind, wohin wir gehen.«[13] Das soll sein Arbeitsstil bleiben, Dialog mit dem Volk, mit den Gewerkschaften. Die Parlamentarier der bürgerlichen Parteien, die ihm größtenteils nur Steine in den Weg rollen wollen, müssen sich hinten anstellen.

Aber Revolution sei doch der Übergang der Macht von einer Klasse auf die andere, die Zerstörung des bürgerlichen Staatsapparates und der Ersatz durch einen anderen, wirft Debray ein, hier sei nichts davon zu erkennen. An diesem Punkt des Gespräches braust Allende ein einziges Mal auf. »Nichts soll passiert sein? Wo lebst du eigentlich, Régis? Wir haben ein fundamentales Prinzip des Marxismus nicht vergessen: den Klassenkampf.«[14]

Allende meint damit alle Parteien der Unidad Popular, die »die Ideologie der Arbeiterklasse authentisch vertreten«.[15] Die Rolle der Vorhut, im leninistischen Denksystem, monopolisiert bei der Kommunistischen Partei, sieht er nicht nur bei denen, die sich marxistisch nennen, also seinen Sozialisten und den Kommunisten Luis Corvaláns, sondern auch bei den »zwei anderen Parteien bürgerlicher Provenienz, den Radikalen und den Sozialdemokraten«, und ebenso bei den »Bewegungen ähnlicher Provenienz«, nämlich MAPU und API.[16] Von Diktatur des Proletariats ist bei ihm keine Rede, stattdessen spricht er von einer »Klassenregierung, weil die vorherrschende Ideologie in ihr die der arbeitenden Klasse ist«. Auch eine Äußerung über die Zerschlagung des vorgefundenen Staatsapparates vernimmt man von ihm nicht, er will legislativ »den bürgerlichen Staat überwinden«. Darin zeigt er sich optimistisch: »In der Regierung sind die Interessen der Ausbeuterklasse nicht repräsentiert; stattdessen sitzen im Kabinett Lohnempfänger, darunter vier Arbeiter. In dieser Regierung ersetzt die Mehrheit des Volkes die Minderheit, die bis zu diesem Augenblick regiert hat.«[17]

Dem hält der marxistisch geschulte Interviewer entgegen, dass Jurisdiktion und Unterdrückungsapparat nicht vom Proletariat geschaffen worden seien, die Verfassung habe die Bourgeoisie doch zu ihren eigenen Zwecken geschrieben. Mit anderen Worten: das Volk ist an der Regierung, aber nicht an der Macht. Allende entgegnet: Man werde sich »gewisse Inhalte der Verfassung zunutze machen«[18] und schließlich eine neue formulieren. »Wenn das Kupfer uns gehört, wenn das Eisen uns gehört, wenn der Salpeter uns tatsächlich gehört, wenn wir eine tiefgreifende und schnelle Agrarreform verwirklicht haben, wenn wir den Import- und Exporthandel durch den Staat kontrollieren, wenn wir einen großen Teil unserer Produktion kollektiviert haben – ich sage einen großen Teil. Denn wir haben dem Land in aller Aufrichtigkeit in unserem Programm vorgeschlagen, dass es drei Bereiche geben wird: den gemeinwirtschaftlichen Bereich, den gemischten Bereich und den privaten Bereich. Also wenn das alles – die Herstellung völliger Souveränität, die Rückgewinnung der Grundstoffe, der Angriff auf Monopole – nicht zum Sozialismus führt, dann weiß ich nicht, was zum Sozialismus führt.«[19]

Allende ist nicht zurückhaltend bei der Bewertung des Gewichts seiner Person in diesem Prozess. Er wechselt, wenn er von dieser historischen Aufgabe spricht, gelegentlich auch in die Ich-Form. »Ich habe dieses Amt erlangt, um die ökonomische und gesellschaftliche Umgestaltung Chiles durchzusetzen, um den Weg zum Sozialismus zu öffnen. Unser Ziel ist der eigentliche, wissenschaftliche, marxistische Sozialismus.«[20]

Debray, der sich definiert als »französischen Reisenden, in dessen Gedächtnis einige Splitter des Historischen Materialismus haften geblieben sind«,[21] versucht in seinem Essay eine Bewertung der chilenischen Situation am Ende des Jahres 1970. Es habe »eine Schwangerschaft begonnen, von der in diesem Augenblick keiner sagen kann, ob sie mit der Geburt einer wirklich neuen, von fremder Ausbeutung und Herrschaft befreiten Gesellschaft enden wird. Das chilenische Volk muss hier und heute seine Zukunft in die eigene Hand nehmen, wenn es verhindern will, dass seine Feinde es morgen brutal darum bringen oder sie ihm wie üblich ablisten.«[22] Was in Chile passiere, das interessiere ganz Lateinamerika. Das hieße, der mittlerweile vom Yankee-Imperium gegen Kuba errichteten Blockade Schach zu bieten. Das wäre ein weiterer Schritt zur Beerdigung des Imperialismus. »Vom Schicksal dieser ›Revolution ohne Gewehre‹, wie man sie vorläufig – und nicht ohne Optimismus – genannt hat, hängt das Schicksal vieler anderer Gewehre ab.«[23]

Als einem, der Lenin gelesen hat, bleibt für den Franzosen die Erkenntnis, dass in Chile die grundsätzliche Frage der Macht noch nicht entschieden ist. Die Unidad Popular regiere mit Gesetzen, die von der Bourgeoisie installiert worden sind, der alte Staatsapparat gehorche offensichtlich nicht der Volkskontrolle. Präsident Allende jedoch, als »erprobter, pragmatischer und intuitiver Taktiker«[24] habe bewiesen, dass er nicht vor seiner grundsätzlichen Verantwortung zurückschrecke. »Die Alternative«, so meint Debray, »ist ganz einfach: wenn die Volksregierung den Winden und Gezeiten nicht widerstehen kann, wird sie entweder still in den Treibsänden des Reformismus versinken oder gewaltsam verschwinden. Der Genosse Allende wenigstens zeigt keine Anlage, in halben Maßnahmen unterzugehen oder seine Kehle den langen Messern des Feindes darzubieten.«[25]

Macht und Ohnmacht

Die Reformen der neuen Regierung kommen mit raschem Tempo. Als Erstes löst der Innenminister die Mobile Gruppe der Carabineros auf. 2000 Mann, mit schweren Waffen ausgerüstet und in den USA speziell für den Einsatz gegen Demonstrationen auf der Straße ausgebildet, werden nach Hause geschickt. Die Truppe gehört nicht zum normalen Polizeiapparat, daher fällt sie auch nicht unter das Garantiestatut, und es ist ein Signal an die Bevölkerung: Wo die Regierung freie Hand hat, nutzt sie den Spielraum schnell. Gleich darauf folgt eine symbolträchtige außenpolitische Entscheidung. Am 12. November, eine Woche nach Regierungsübernahme, werden die diplomatischen Beziehungen zu Kuba wiederhergestellt. Eine eindeutige Geste auch an die USA.

In der ersten Sitzung des Kabinetts gibt der neue Präsident Normen der Sparsamkeit vor; für alle Minister und die von ihm eingesetzten Beamten gilt: maximal das Zwanzigfache des gesetzlichen Mindestlohns. Auch für ihn. Allende verlangt strikt den Verzicht auf die sogenannten Pitutos, die Vergabe von Posten rein über Beziehungen, ohne Eignung und Fähigkeiten zu prüfen – ein in Chile bis dahin gängiges Übel. Außerdem wird verfügt: keine Nutzung der Dienstautos zu privaten Zwecken, Reduzierung der Tagegelder bei Auslandsdienstreisen von 80 auf 15 Dollar. Der Präsident zitiert bei dieser Gelegenheit Che Guevaras Satz: »In dieser Regierung kann man Fehler machen, aber nicht seinen Schnitt.«[1]

Die in der Wahlkampagne angekündigten 40 ersten Maßnahmen scheinen gut vorbereitet. Am 26. November beansprucht Allende für Chile als Entwicklungsland das Recht, von der gesamten Entschädigungssumme, die ausländischen Unternehmen bei Nationalisierungen gezahlt wird, die exzessiven Gewinne abzuziehen. Das Dekret bekommt im allgemeinen Sprachgebrauch bald die Bezeichnung Allende-Doktrin. Am 29. November übernimmt die Regierung die Leitung der chilenischen Telefongesellschaft, an der die US-amerikanische ITT seit 1930 einen Anteil von 70 Prozent hält. Mit der Muttergesellschaft soll verhandelt werden. Allende triumphiert endlich: »Viele Leute haben erstens nicht geglaubt, dass wir gewinnen würden, und zweitens, dass wir dann sofort realisieren würden, was wir angekündigt haben. Sofort haben wir hart zugeschlagen gegen die Reaktion. Sie bekommen einen Schlag, erholen sich nicht und wir geben den nächsten.«[2]

Im Dezember unterzeichnet der Präsident den Entwurf einer Verfassungsreform, die Voraussetzung für die Nationalisierung des Kupfers ist. Vorgesehen ist, dass sowohl Lagervorkommen als auch die Minen verstaatlicht werden. Im Entwurf sind die Regeln für Höhe und Art der Entschädigung für enteignete Anlagen festgelegt. Diese gelten ebenso für Eisen, Salpeter und andere Stoffe. Die Zahlungen sollen sich verteilen über einen Zeitraum von 30 Jahren.

Kupfer macht Chiles größten Reichtum aus. Das Land verfügt über 30 Prozent der Weltvorkommen, hat aber weder beim Abbau noch beim Verkauf noch beim Preis etwas zu sagen. Anaconda Copper, Kennecott Copper und die anderen ausländischen Bergbaufirmen zahlen Steuern, deren Höhe sich nach den von den Firmen selbst gemachten Angaben zur Produktion richtet. So konnte es geschehen, dass trotz unablässig steigender Abbaumengen immer weniger Abgaben für die chilenische Staatskasse anfielen. Allende beziffert die Verluste beim Kupfer auf 3,7 Milliarden Dollar seit dem Jahr 1930. Eisen- und Salpeterabbau, Elektrizitäts- und Telefongeschäfte hinzugerechnet, steigt die Summe auf 9,6 Milliarden Dollar.

Um die Zustimmung der UP-Parlamentarier muss Allende nicht werben. Beifall findet er auch in weiten Kreisen der sonst skeptischen Bourgeoisie, die auf eine Verbesserung der eigenen Geschäfte hofft. Als am 11. Juli 1971 das Gesetz zur Nationalisierung der Bodenschätze in Senat und Abgeordnetenkammer zur Entscheidung ansteht, stimmen alle Anwesenden zu. Es handelt sich um eine Änderung der Verfassung, die besagt, dass fortan »der Staat das volle, ausschließliche und unveräußerliche Recht auf sämtliche Erzbergwerke, Guanolager, metallhaltige Sande, Salzbergwerke, Kohle-, Erdöl- und Erdgaslagerstätten sowie andere Bodenschätze hat«.[3] Allerdings nehmen zweiundvierzig Abgeordnete nicht an der Abstimmung teil. Sie sind dagegen, weil sie die Anliegen derer vertreten, die an den Geschäften der ausländischen Konzerne beteiligt sind, drücken sich aber an diesem Tag der nationalen Würde vor möglichem öffentlichem Zorn. Es ist immer die gleiche Geschichte in Lateinamerika. Die »seit jeher der imperialistischen Machtsphäre eingegliederten herrschenden Klassen haben nicht das geringste Interesse daran, zu prüfen, ob sich der Patriotismus nicht als rentabler erweisen könnte als der Verrat und ob die Bettelei die einzig mögliche Form der internationalen Politik darstellt«, wie der Uruguayer Eduardo Galeano in seinem berühmten Buch *Die offenen Adern Lateinamerikas* beklagt.[4]

Allende kann erst einmal zufrieden sein. Die wichtigste Hürde ist genommen. Im Hinblick auf die sozialpolitischen Vorhaben ist es jetzt wichtig, die Produktion zu steigern. Die Löhne für alle Arbeiter wurden bereits um 66 Prozent erhöht, Mieten und Pachten sind eingefroren. In den Siedlungen werden Mütterzentren eingerichtet. Das Schulgeld ist abgeschafft, Bücher und Schulhefte werden in den Grundschulen kostenlos verteilt, alle bedürftigen Kinder erhalten ein Frühstück und ein Mittagessen. Und ausnahmslos jedes chilenische Kind hat täglich Anspruch auf einen halben Liter Milch gratis.
Noch wächst die Wirtschaft, aber es machen sich erste Versorgungsschwierigkeiten bemerkbar. Der Übergang privater Großbetriebe in die Hand des Staates führt verschiedenen Orts zu Produktionsrückgängen. Chile hat immer Grundnahrungsmittel importieren müssen, jährlich für etwa 200 Millionen Dollar, obwohl es genügend Boden gibt und die Landwirtschaft vom Klima begünstigt ist. Nun hat die höhere Kaufkraft der Arbeiterschaft einen Sturm auf die Lebensmittelgeschäfte ausgelöst und das Angebot wird knapp. Dazu kommen Sabotageschäden. Die Latifundisten lassen große Teile ihrer Ländereien brachliegen, um die Bodenreform zu unterlaufen. Binnen vier

Monaten Amtszeit der UP werden 750000 Hektar Großgrundbesitz enteignet, ungefähr so viel wie von der Vorgängerregierung in sechs Jahren. Doch die Landverteilung ist ein schwieriger bürokratischer Akt. Sie verbessert die soziale Lage der Landbevölkerung, aber sie garantiert nicht automatisch Produktionssteigerungen. Viele Bauern sind ungeduldig und warten den legalen Akt der Übergabe gar nicht erst ab, sondern versetzen die Grenzzäune eigenmächtig. Von Unrechtsbewusstsein werden sie dabei kaum geplagt. Das traditionelle chilenische Gesetz bestraft nicht denjenigen, der Land besetzt, sondern den, der es sich zurückholen will. Es wurde einst zum Schutz derer formuliert, die den Mapuche-Indianern den Boden genommen haben, und sollte die ursprünglichen Besitzer daran hindern, sich das Gestohlene zurückzuholen. Jetzt wendet sich das Gesetz gegen die Erben der Landräuber.
Die Großgrundbesitzer wehren sich mit Gewalt. In der südlichen Provinz Cautín, in der viele Mapuche-Indianer leben, häufen sich die Zusammenstöße. Es gibt Verwundete, sogar Tote. Allende macht sich auf den Weg dorthin. Nichts kann die Autorität der Volksfrontregierung mehr unterminieren als eine aufkommende Anarchie. Er steht zu seinem Wort, aber er verlangt auch von den Bauern, die neuen Gesetze zu respektieren und den legalen Weg einzuhalten. Der Reformgeist der Unidad Popular vermittelt sich den Massen nicht linear. Ihn erschrecken die Ergebnisse einer Umfrage nach der bisher besten Maßnahme seiner Regierung. 82 Prozent der Antworten verweisen auf den halben Liter Milch für die Kinder. Nur 16 Prozent der Befragten nennen die Nationalisierung des Kupfers. Und die Kupferarbeiter streiken. Was haben die Massen verstanden von seinem Prozess der Umbildung?
Der nachdenklich gewordene Präsident fährt nach Chuquicamata, zur größten Kupfermine der Welt. Die Mineros sind schwierig. Ihre Arbeit ist hart. Sie führen ein isoliertes Leben in Werkssiedlungen in den Anden. Viele haben Grubenkrankheiten, sie werden nicht alt. Von den US-amerikanischen Firmen werden sie, verglichen mit dem

chilenischen Durchschnittslohn, ganz gut bezahlt. Deshalb fühlen sie sich herausgehoben unter den Arbeitern des Landes. Die Mehrheit der Mineros von Chuquicamata hat für den rechten Kandidaten gestimmt. Den Präsidenten, den sie nicht gewollt haben, empfangen sie mit drastischen Lohnforderungen. Und mit bitteren Beschwerden über die hohen Gehälter der neuen staatlichen Inspektoren. Diese, so hört er, fahren nun die gleichen weißen, eleganten Autos wie zuvor die Amerikaner und bewohnen die Häuser der ehemaligen Geschäftsführer. Die Gehaltsforderungen kann Allende nicht akzeptieren, jedoch verspricht er, die angemaßten Privilegien der Staatsfunktionäre zu unterbinden.

In Santiago grassiert eine Selbstbedienungsmentalität. »Das liegt in der Verantwortung der Parteien. Wenn es keine Kontrolle gibt, keine drastische Haltung, wenn die Funktionäre Bürokraten werden – welche Autorität kann ein Zentralkomitee haben, aus dem vier, fünf oder zehn Leute Mitglieder der Regierung geworden sind?«,[5] fragt Allende im August 1972 auf einer Pressekonferenz. Nur die Kommunisten hätten die Einkommen ihrer Funktionäre begrenzt und sich bereit gefunden, jeden Monat Millionen von Escudos für den Betrieb von Kindergärten zu überweisen. Aber bei den Staatsangestellten ist solche Selbstlosigkeit nicht zu beobachten. Man hat die Gehälter begrenzt und damit viel Unmut ausgelöst.

Die Zeit ist knapp, der Handlungsbedarf groß, der Vertrauensvorschuss darf nicht verspielt werden. Bei den Kommunalwahlen im April 1971 erreichen die Kandidaten der UP 50,86 Prozent. Das ändert aber nichts an den Machtverhältnissen im Parlament. Nach wie vor ist die UP-Regierung auf die Unterstützung oder Tolerierung durch die Christdemokratische Partei im Parlament angewiesen. Anlässlich einer Kontroverse im Kongress schlägt Allende seinen Partnern vor, über ein Plebiszit – das die Verfassung dem Präsidenten gestattet – entscheidende Veränderungen im Kongress zu erreichen. Dabei zeigt sich jedoch, wie wenig er sich auf seine Bündnispartner verlassen kann. Die Parteien der UP lehnen ab. Die einen sehen die

Gefahr, das Bürgertum zu provozieren. Andere meinen, ein Volksentscheid sei unnötig, da wichtige Reformen bisher im Einklang mit den Christdemokraten gelaufen seien.

Unterdessen steht für den neuen Präsidenten das erste größere Auslandsprogramm an. Im Sommer 1971 reist Allende nach Kolumbien, Ekuador und Peru, ein Jahr danach nach Mexiko. Er sucht Verbündete, knüpft an gemeinsame Probleme an, um seine Idee vom nationalen Aufbruch in eine sozialistische Gesellschaft zu verdeutlichen. »Lateinamerika hat 80 Millionen Analphabeten, das sind 30 Prozent der Bevölkerung«, sagt er in einer seiner Ansprachen. »28 Prozent sind arbeitslos. Durchschnittlich nimmt jede Person pro Tag 2500 Kalorien auf, im Vergleich zu 3000 in den meisten entwickelten Ländern; hier konsumiert der Mensch 65 Gramm an Proteinen pro Tag im Vergleich zu 100 Gramm in den europäischen Ländern. In Lateinamerika fehlen 14 Millionen Wohnungen und es gibt 25 Millionen Menschen, die kein Geld kennen.«[6]

Immer wieder geht es ihm um die »Brüder im Schmerz und in der Hoffnung«[7], wie er in Kolumbien die Lateinamerikaner nennt. Immer wieder verweist er auf die gemeinsamen Vorfahren, die Lateinamerika von der Kolonialmacht Spanien befreit und ihre Vorstellungen von einem unabhängigen einigen Lateinamerika entwickelt haben. In Bogotá spricht er zum Parlament: »Gestern kämpften Männer. Heute kämpfen die Massen. Gestern hoben berühmte Bürger den Blick und visierten die Zukunft an. Heute weiß der Mensch aus der einfachen Mehrheit, dass ihm die Zukunft gehört, und wir wissen, dass wir uns auf das Volk stützen müssen. Wir brauchen die gemeinsame und kollektive Anstrengung.«[8]

An gegenseitigen Bekenntnissen zu solidarischem Handeln fehlt es nicht. Aber jede lateinamerikanische Regierung ist mit sich selbst beschäftigt. Der Subkontinent rumort. In Brasilien herschen seit 1964 rechte Militärs, die eine progressive Regierung gestürzt haben. Bolivien hat nach dramatischen Putschen und Gegenputschen den linken General Juan José Torres an der Staatsspitze, der eine Beratende Volksversammlung mit viel Arbeitervertretung einberuft, aber nach nur zehn Monaten im August 1971 gestürzt wird. In Peru regiert die als progressiv angesehene Militärjunta des Generals Velasco Alvarado, die das Erdöl nationalisiert, eine Landreform vorantreibt und die im Interesse der Ureinwohner Quechua zur zweiten offiziellen Landessprache erklärt – was auf breiten Widerstand der reaktionären Kräfte stößt. Der Regierung Ekuadors, unter dem populistischen José María Velasco Ibarra, geht es eigentlich gut, denn das in den vierziger Jahren entdeckte Erdöl trägt das Wirtschaftswachstum. Aber nirgends sind die Verhältnisse wirklich stabil. Keine der Regierungen kann sicher sein, auch nur eine Amtsperiode durchzustehen. Der chilenische Weg erscheint niemandem übernehmbar. Allende bleibt mit seinem gesellschaftlichen Experiment allein.

Nicht ganz. Am 10. November 1971 landet auf dem Flughafen Pudahuel in Santiago einer, der sich am Sozialismus auf andere Weise versucht. Fidel Castro in seiner olivgrünen Uniform kommt die Gangway herunter. Zum Empfang sammeln sich die Massen. Es ist der größte Menschenauflauf, den Santiago bisher erlebt hat.

Zehn Tage wird der Kubaner bleiben, heißt es. Dann werden mehr als drei Wochen daraus; völlig ungewöhnlich für Staatsbesuche. Nicht aber für den Protokollverächter, der eine Reise durch die Sowjetunion 1963 sogar auf mehr als fünf Wochen ausgedehnt hat. Castro will keinen diplomatischen Besuch in Chile, Pflichtveranstaltungen interessieren ihn nicht. Er will durch das Land fahren, mit jedermann sprechen, so dass er sich ein Urteil erlauben kann über die Chancen dieses chilenischen Pfads zum Sozialismus. Und dabei gleich auch ausgiebig die Werbetrommel für seine eigenen Vorstellungen vom Sozialismus rühren.

Castro ist fast zwanzig Jahre jünger als Allende und kann sich ein strapaziöses Programm zumuten. Er fährt in den Norden, nach Chuquicamata, dann nach El Teniente, er spricht mit Bergarbeitern wie mit Bauern, mit Studenten wie mit Militärs und hält bei jeder sich bietenden Gelegenheit Kundgebungen ab. In Punta Arenas, der südlichsten Stadt Chiles, wo er ein Marineboot besteigen will, um durch die Fjorde Feuerlands zu kreuzen, versagt ihm im rauen Seewind die Stimme. Seine unvermeidliche Ansprache an der Pier versackt in einem Krächzen. Allende zeigt sich mittlerweile genervt: »Ich bat ihn als Freund und gab ihm die Empfehlung als Arzt, nicht bis fünf Uhr früh zu reden. Er schlug alles in den Wind.«[9]

Die Überdehnung dieses Besuches gibt der rechten Presse viel Anlass zu Spott und Polemik. Der Máximo Líder habe die Chilenen nichts zu lehren, heißt es, er könne ja hier seinerseits etwas über Pressefreiheit und demokratische Wahlen lernen. Dieser weist solche Schulmeisterei von sich. Der Einzige, der hier keine Meinungsfreiheit genieße, sei er selbst, sagt er mit einem spitzen Blick auf die Schlagzeilen.

Am Tag, als das Protokoll Blumenniederlegung am Denkmal von General Bernardo O'Higgins vorsieht, trifft Fidel Castro auf einen anderen Uniformierten: den Kommandanten der Stadtgarnison von Santiago, General Augusto Pinochet. Dieser ist für die militärische Ehrenbezeigung zuständig. Natürlich sind auch Fotografen dabei. So bleibt der Nachwelt ein seltsames Bild erhalten, auf dem der kubanische Guerillero, der knapp 13 Jahre zuvor die grausamste Diktatur in seinem Heimatland, die des Generals Batista, stürzte, und der General, der zwei Jahre später die grausamste Diktatur in seinem Heimatland Chile errichten wird, stumm und freudlos nebeneinanderstehen, um dem einstigen Befreiers Chiles von der Kolonialherrschaft die Ehre zu erweisen.

Fidel Castro und Salvador Allende bewerten nicht alle politischen Geschehnisse in Chile gleich. Zu einer Art Gesinnungsprüfung entwickelt sich der sogenannte Marsch der leeren Kochtöpfe am 1. Dezember 1971. Aus den Vierteln der Reichen ziehen die feinen Damen, auf ihre leeren Kochtöpfe schlagend, ins Zentrum von Santiago und provozieren die zu ihrem Schutz eingesetzten Carabineros. Schnell kommt es zu turbulenten Szenen, und die Agenturen schicken Bilder

von Straßenkämpfen in die Welt. Castro tritt dem rhetorisch entgegen. Er fragt auf seiner Abschlusskundgebung im Nationalstadion in Santiago die Anwesenden, wessen Bewusstsein wohl am meisten und am schnellsten gewachsen sei, das der Ausbeuter oder das der Ausgebeuteten: »Wer hat schneller gelernt?«, und aus der Menge antwortet man ihm: »Das Volk.«
»Seid ihr, die Hauptpersonen dieses Blattes der Geschichte, die euer Vaterland schreibt, sicher, dass ihr mehr als eure Ausbeuter gelernt habt?«, fragt der Kubaner, und nach vielstimmigem »Ja« fährt er fort: »Erlaubt mir, dass ich in diesem Fall eine etwas andere Meinung habe. Unsere aufrichtige Meinung ist, dass die gegnerische Seite, die Reaktionäre, schneller gelernt haben als die Massen.« Die Gründe dafür sieht der Kubaner »in den Schwächen des revolutionären Prozesses selbst, in den Schwächen des ideologischen Kampfes, in den Schwächen des Kampfes der Massen und in den Schwächen gegenüber dem Feind«.[10]
Allende sieht das anders. Sein Sozialismus soll Gerechtigkeit mit Freiheit verbinden. In Gegenwart von Fidel Castro geht er öffentlich auf den Marsch der leeren Töpfe ein und weist darauf hin, dass dieser durch die Regierung genehmigt war, »weil wir niemals das Recht, das durch unsere Gesetze gegeben ist, negieren, dass die Oppositionellen durch Chiles Straßen ziehen können«.[11] Ihn erbittert zwar, dass Leute, denen niemals etwas gefehlt hat, sich jetzt zu Märtyrern erklären, aber er ist stolz darauf, dass es in Chile so viel Freiheit auch für die Gegner der Regierung gibt.
Dennoch machen ihn Castros Zweifel offenbar nachdenklich. Am Schluss der Rede hören die Chilenen aus seinem Munde: »Compañeros, ich sage es mit Ruhe, mit absoluter Gelassenheit: Ich bin kein Apostel, ich bin kein Messias, ich habe keine Neigung zum Märtyrer, ich bin ein sozialer Kämpfer, der eine Aufgabe erfüllt, die Aufgabe, die das Volk mir gegeben hat. Aber damit jene, die die Geschichte zurückdrehen wollen und den Willen der Mehrheit der Chilenen nicht anerkennen, es verstehen: ohne Märtyrer zu sein, ich werde

nicht einen Schritt zurückgehen. Damit sie es wissen: Ich werde die Moneda verlassen, wenn das Mandat, das mir das Volk gegeben hat, erfüllt ist. Ich habe keine Alternative. Nur wenn sie mich mit Kugeln durchlöchern, können sie mich hindern, den Willen des Volkes zu erfüllen.«[12]

Des wirtschaftlichen und moralischen Beistands der Länder, die sich als sozialistisch bezeichnen, kann sich Allende nur bedingt sicher sein. Mit Kuba wird ein Fünfjahresabkommen zur Zusammenarbeit abgeschlossen. Die Kubaner schenken den Chilenen 50000 Tonnen Zucker. Wenigstens an Zucker solle es ihnen nie fehlen, sagt Castro. Bei einem Besuch Allendes in der Sowjetunion werden Abkommen über Handel, Wirtschaft und technische Zusammenarbeit in den Bereichen Kupfer, Chemie und Fischfang unterzeichnet. Der aus Zeiten der Frei-Regierung existierende Vertrag über den Bau einer Fertigteilfabrik für den Wohnungsbau und einen Fischereihafen in der Provinz Arauco wird mit einem sowjetischen Kredit untermauert. Zu sehr niedrigen Preisen kann Chile von der UdSSR für die nächsten Jahre fünf Schiffe mieten.

Doch die Möglichkeiten der sozialistischen Länder sind begrenzt. Sie kämpfen selbst mit Wirtschaftsproblemen und Devisenmangel. Allende, der schwierige Verhandlungen über die Umschuldung der Auslandsverpflichtungen auf sein Land zukommen sieht, ersucht in Moskau um einen Kredit über 500 Millionen Dollar. Die Sowjetunion lehnt ab. Sie gibt 27 Millionen für Lebensmittel, dann noch einmal 20. Dazu kommen 80 Millionen, die vorher vereinbart wurden. Chile erhält von den sozialistischen Ländern insgesamt 460 Millionen Dollar Kredit. Mehr ist nicht zu haben.

Im Hintergrund walten auch politische Bedenken. Nicht wenige Parteiideologen sind der Auffassung, dass »Pluralismus ein Betrug ist«[13] und das chilenische Experiment keine Chance hat. Als Arbeiter der Compañía de Acero del Pacífico den Präsidenten nach der Zuverlässigkeit der sozialistischen Länder fragen, antwortet dieser, dass sie

Chile nicht versorgen können und dass er deshalb so sorgsam sei im Umgang mit den USA und anderen westlichen Ländern. Joan Garcés, sein politischer Berater, meint: »Man darf nicht außer Acht lassen, welche Bedeutung für die nordamerikanische Aktion die Gewissheit hatte, dass die Sowjetunion keinen Ausgleich schaffen würde, um die Stabilität der chilenischen Regierung zu garantieren.«[14]

Im Dezember 1972 reist Allende zur UNO-Vollversammlung nach New York. Beim Betreten der USA schickt er dem Präsidenten Nixon »aus elementarer Höflichkeit« ein Grußtelegramm.[15] Nixon ignoriert ihn. Am 4. Dezember 1972 tritt der Chilene an das Rednerpult. Das Völkerrechtsforum hat zu jener Zeit bereits unzählige Beschlüsse für die Stärkung der unterentwickelten Länder gefasst, für ihr Recht auf gleichberechtigten Handel und auf Nationalisierung der Bodenschätze.

Allende schildert die Situation in seinem Land. Er spricht von den Hoffnungen der einfachen Chilenen und von den Maßnahmen seiner Regierung. Er informiert die Welt über die finanzielle Blockade, der sein Land international unterliegt, über die Beschränkung des chilenischen Kupfers auf den globalen Märkten und die Versuche der US-Konzerne, die Nationalisierung zu sabotieren. Er warnt vor der Macht dieser transnationalen Organisationen. »Es handelt sich nicht um eine offene Aggression, die freimütig vor der Welt erklärt wurde«, sagt er, »ganz im Gegenteil, es ist immer ein Angriff, der schräg kommt, unterirdisch, sich anschleichend, aber deshalb nicht weniger verletzend für Chile ist. Wir sind konfrontiert mit Kräften, die im Dunkeln operieren, ohne Fahne, ohne mächtige Waffen, postiert an den verschiedensten Orten von Einfluss. Über uns ist kein Handelsverbot verhängt. Niemand hat erklärt, dass er einen Zusammenstoß mit unserer Nation vorhat. Es scheint, als hätten wir keine anderen Feinde als die eigenen internen politischen Gegner. Es ist nicht so. Wir sind Opfer von fast nicht wahrnehmbaren Aktionen, eingekleidet in Sätze und Deklarationen, die den Respekt vor der Souveränität und der Würde unseres Landes preisen. Aber wir kennen aus eigener Erfahrung die enorme Distanz zwischen den Deklarationen und den spezifischen Aktionen, die wir ertragen müssen.«[16]

Dabei wird er auch konkret. Er bezieht sich auf die vor Monaten durch den US-Journalisten Jack Anderson veröffentlichten Dokumente über die Pläne des US-amerikanischen Telefonkonzerns ITT, der eine Million Dollar ausgesetzt hat für jegliche Art von Aktivitäten, die Regierung der Unidad Popular zu stürzen. »Meine Herren Delegierten: Ich klage vor dem Bewusstsein der Welt die ITT des Versuchs an, in meiner Heimat einen Bürgerkrieg zu provozieren.«[17]

Das Gegenspiel

Die Zeitung *El Mercurio*, ein auflagenstarkes Blatt mit viel Tradition und im Besitz einer der reichsten Familien des Landes, versteht sich als Meinungsführer der chilenischen Bourgeoisie. Allende kennt den Direktor. René Silva Espejo ist ein alter Bekannter aus Studentenjahren. Damals, in den dreißiger Jahren, machte dieser an der Spitze von Nazitrupps und mit der Pistole in der Hand die Straßen von Santiago unsicher, bekämpft von den sozialistischen Milizen, darunter auch Salvador Allende. Die Distanz der beiden Männer ist vorstellbar. Keiner hat seine politische Position verlassen.
Vor Jahren hat Allende die Herren die Chefriege des *Mercurio* direkt brüskiert. Bei früheren Wahlkampagnen hatten sie es sich zur Regel gemacht, die Kandidaten zu einem opulenten Mahl in die Redaktion zu bitten und am nächsten Tag darüber zu berichten. Auch Allende nahm eine solche Einladung an. Die versammelte feine Gesellschaft ließ er wissen, er käme nicht zu ihnen, sondern zu den Arbeitern. Bevor sich jemand von der Verblüffung erholt hatte, verschwand er in Richtung Druckerei. Den Arbeitern erklärte er, »seine Anwesenheit in dieser Zeitung sei seinem Wunsch geschuldet, mit ihnen zu sprechen und nicht mit den Besitzern, die ihn mit einem guten Buffet zu zähmen gedachten«.[1]
Diesen Auftritt verzeihen ihm die Patrone nicht. Aber die Tiefe der Feindschaft zwischen der mächtigsten Zeitung im Lande und dem Präsidenten liegt nicht im Persönlichen, sondern im Politischen. Kein Tag vergeht ohne gehässigen Angriff auf die Regierung. Die Zeitung schreibt gegen die Nationalisierung der Banken, die Verstaatlichung des Bergbaus und die Landbesetzungen an. Der *Mercurio* verhöhnt die Regierung da, wo Fehler gemacht werden, jagt nach Skandalen und bedient die Eitelkeiten christdemokratischer Politiker, um sie von der Loyalität für Allende abzubringen. Und der *Mercurio* provoziert.
»Zum Beispiel«, so berichtet Allende in einem Interview mit einem mexikanischen Journalisten, »gab es eine Kampagne über das Fehlen

von Medikamenten mit der Absicht, eine Psychose auszulösen. Wenn man Diabetikern sagt, dass das Insulin knapp wird, dann wird jeder von ihnen statt einer Packung zehn kaufen. Das ist zu verstehen, weil das für sie Leben oder Tod bedeutet. Dann entstehen Lieferschwierigkeiten, weil niemand diese kollektive Psychose bremsen kann, vor allem nicht, wenn die Kampagnen gut aufeinander abgestimmt sind und von intelligenten Leuten dirigiert werden, die zynisch genug sind, so etwas Tag für Tag zu fördern.«[2]

Eine andere Kampagne thematisiert sowjetische Fischfangtrawler, die im Dienste der Regierung stehen und noch auf einen Vertrag zurückgehen, den die Regierung Frei geschlossen hat. Der *Mercurio* unterstellt, die sowjetischen Schiffe wollten nur die chilenischen Fischbestände kontrollieren und Buchten und Häfen ausspionieren für eventuelle Kriegsfälle. Überdies sei der Seehecht, den sie anlanden, verfault und nicht genießbar. Das läuft drei bis vier Monate lang durch alle oppositionellen Medien – über 54 Zeitungen und 98 Radiostationen. Die Unidad Popular besitzt kein vergleichbares publizistisches Instrumentarium, nur zehn Zeitungen und 33 Rundfunksender stehen ihr politisch nah.

Der *Mercurio* ist ein Ass im Gegenspiel der US-Politik. Der Besitzer Augustin Edwards beantragt im September 1971 bei der CIA »verdeckte Hilfe über eine Million Dollar«.[3] Ein ziemlich voluminöses Ansinnen, über das sich die CIA erst einmal mit Präsident Nixon direkt berät. Dieser zuckt dabei gar nicht zurück, sondern stockt die Zuwendung sogar noch auf. Als erste Tranche genehmigt er 700 000 Dollar. Kurz darauf autorisiert er Henry Kissinger, 300 000 Dollar nachzuschießen. Es folgen weitere 965 000 Dollar.

Der Sicherheitsberater der Nixon-Administration ist unterdessen damit beschäftigt, die von ihm erarbeitete Chile-Strategie durchzusetzen. Am 6. November 1970, keine 72 Stunden nach Allendes Amtseinführung, hat er für das Weiße Haus ein Acht-Seiten-Dokument niedergeschrieben mit der Feststellung: »Die Wahl Allendes zum Präsidenten von Chile ist für uns eine der ernstesten Herausforderungen, mit der wir in der Hemisphäre konfrontiert sind.« – Und Nixon zum Handeln gedrängt: »Ihre Entscheidung darüber, was zu tun ist, ist möglicherweise die schwierigste und die geschichtlich bedeutendste außenpolitische Entscheidung, die Sie in diesem Jahr treffen.«[4] Es gebe Grund zu der Befürchtung, dass der Erfolg einer gewählten marxistischen Regierung ein Beispiel abgeben könnte, nicht nur für Lateinamerika, sondern auch für andere Teile der Welt, heißt es bei Kissinger.

Nixon nahm das ernst und startete die Politik der verdeckten Destabilisierung gegen Chile mit drei Hauptlinien: wirtschaftliche Strangulierung, diplomatische Isolation und geheime Aktionen der CIA. Die ganze Palette imperialer Vormachtpolitik, außer einer militärischen Intervention.

Die unsichtbare Blockade hat begonnen. Große Banken werden über die US-Vertreter in den Vorständen oder hinter den Kulissen angewiesen, keine Kredite auszuzahlen und keine neuen zu vergeben. Die Weltbank, die der Frei-Regierung im letzten Amtsjahr 31 Millionen Dollar überwies, geht zwischen 1971 bis 1973 auf null. Die Export-Import Bank der USA, die 1967 bis 1970 rund 280 Millionen für Handelskredite gab, finanziert ab Herbst 1970 gar nichts mehr. Chile, seit Jahrzehnten mit diesem Wirtschafts- und Finanznetz verflochten, steht plötzlich ziemlich blank da. Vereinbarungen und Verträge sind ausgesetzt, die Importe müssen zum Teil vorherbezahlt werden. Ein lange mit der Export-Import Bank vereinbarter Kredit über 21 Millionen zur Finanzierung von drei Boeing 727 für die Europaflüge der chilenischen Luftfahrtgesellschaft LAN entfällt.

Chiles Auslandsschulden – angehäuft in den vergangenen Jahren und normalerweise immer wieder umgeschuldet – belaufen sich bei Allendes Amtsantritt mit den Zinsen auf 3,8 Milliarden Dollar. 60 Prozent der Gläubiger sitzen in den USA. Für die neuen Umschuldungsverhandlungen, die in Paris stattfinden sollen, kommt kein grünes Licht aus Washington. Chile soll erst die geforderten Entschädigungen an US-Konzerne zahlen. Druck wird dabei auch auf west-

europäische Kreditgeber Chiles ausgeübt. Um den Kupferpreis auf dem Weltmarkt und damit die chilenischen Deviseneinnahmen zu verringern, wird auf Anweisung Nixons geprüft, wie viel Kupfer die USA aus eigenen Reserven auf den Weltmarkt werfen können.
Die Gegner Allendes in Chile haben keine Geldsorgen. Aus allen möglichen Kassen werden sie reichlich bedient. Über das Komitee der 40, ein hochrangiges nationales Sicherheitsgremium der USA, fließen 3,5 Millionen Dollar in die Töpfe der oppositionellen Parteien und Organisationen – für den Kauf von Rundfunkstationen, Zeitungen und Druckereien, zur Begleichung von Altschulden und zum Beispiel auch 150000 Dollar für den Kandidaten der Christdemokraten bei einer Nachwahl in Valparaíso. Die rechte Partido Nacional erhält für ihre Kampagne zu den lokalen Wahlen im April 1971 mehr als eine Million Dollar von der CIA.
Das Geld für die Christdemokraten wird strategisch angelegt. Es gilt, den linken Flügel in dieser Partei zu isolieren, der angesichts der lähmenden Streiks und der zunehmenden Terrorakte den Kompromiss mit Allende vorzieht. Radomiro Tomic, sein christdemokratischer Rivale bei den Wahlen, erklärt in einem Interview: »Eine aktive Zusammenarbeit in konkret definierten Bereichen mit der Regierung Salvador Allende erscheint mir nicht nur möglich, sondern unerlässlich.«[5] Selbst der oberste Hirte der Katholischen Kirche, Kardinal Silva Henríquez, meint, der chilenische Weg zum Sozialismus weise »eine Menge christlicher Werte auf«.[6] Achtzig Priester haben das auf einer Tagung »Christen für den Sozialismus« in Santiago unterstützt. Tomic und Allende treffen sich im Dezember 1971 noch einmal, aber schon ist deutlich, dass die innerparteiliche Balance der Christdemokraten nicht zu halten ist. Der rechte Sektor um Eduardo Frei gewinnt an Macht. Im Juli 1971 hat sich eine Gruppe von der Partei getrennt mit der Begründung, dass die PDC »imperialistische und antisoziale Strategien« verfolge.[7] Die Dissidenten gründen die Christliche Linke und Allende lädt sie ein, sich der UP anzuschließen. Weitere Austritte aus der PDC folgen.

Bei der Nationalisierung des Kupfers und anderer Bodenschätze sind die Christdemokraten noch mitgegangen, die gemäßigte Variante der Bodenreform wurde sogar von ihnen initiiert. Allendes Ankündigung, die Verfassung zu reformieren und den Zweikammern-Kongress in ein Einkammer-Parlament umzubilden, wird jedoch verketzert als Weg in die Einheitsdiktatur. Der Christdemokrat Patricio Aylwin, Präsident des Kongresses, verlangt den totalen Bruch mit der UP.

Von der CIA-Residentur in Santiago wird die Konfrontation innerhalb der PDC nach Kräften gefördert. Auch die Unidad Popular soll aufgespalten werden. Als probates Mittel gelten Provokationen, um Widersprüche aufzuwiegeln und zur Explosion zu bringen. Streit gibt es genug, auch innerhalb der Parteien. Die Linken kämpfen um Ideen, jede linke Partei um ihre und jeder Kopf um seine eigenen. Allen voran die MIR, die Mitte der sechziger Jahre entstand. Sie ist nicht Mitglied der Unidad Popular, aber sie treibt deren Parteien vor sich her, mit unrechtmäßigen Landbesetzungen, der Errichtung wilder Ansiedlungen und Beschlagnahme von Fabriken. In Bezug auf die Bodenreform wird verkündet: »Wenn die Regierung weiterhin das Agrarreform-Gesetz anwendet, das von den Reichen in der Regierung Frei gemacht wurde, machen wir unsere eigene revolutionäre Agrarreform.«[8] Die Regierung geht der MIR nie weit genug. Eine der Hauptforderungen lautet, das Volk zu bewaffnen. Der MIR-Chef Miguel Enríquez verlangt, »mit der Institutionalität zu brechen, weil diese den revolutionären Prozess zerstört«.[9]

Die Kommunistische Partei legt sich mit der MIR an. Luis Corvalán kritisiert, dass die »Volksmacht«, von der die MIR ständig spricht, nur in den »erhitzten Köpfen ihrer Führer existiert«, während »die Regierung Allende eine konkrete Tatsache ist«.[10] Die Linksradikalen werfen den Kommunisten vor, »Übereinkommen mit Faschisten zu suchen«.[11] Allende meint, Gespräche mit den Leuten der MIR würden die Meinungsverschiedenheiten auflösen. Er lädt sie dazu sogar in sein Haus ein. Für ihn sind es jugendliche Radikale, die dasselbe wie er wollen, nur sie wollen es schneller und eben ohne Rücksicht auf die bürgerlichen Gesetze und das reale Kräfteverhältnis.

Es hilft nichts. Die MIR ruft auf, eine Volksversammlung einzuberufen, unter anderem, um über den konterrevolutionären Charakter des Kongresses zu diskutieren. Die MAPU, die Sozialistische und die Radikale Partei sind mit von der Partie. Die Kommunisten weisen das Projekt als abenteuerlich zurück.

Die Unidad Popular ringt sich schließlich zu einer geschlossenen Kritik an der MIR durch. In einer öffentlichen Erklärung weist sie deren Forderung nach einer neuen Agrarreform zurück, bekräftigt die Notwendigkeit, die Latifundisten auf der Grundlage des bestehenden Gesetzes aus der Zeit der Frei-Regierung zu enteignen. Ein neues Gesetz wäre gar nicht durchzubringen. Der Versuch würde zu unnützen parlamentarischen Scharmützeln führen. Mit weiteren Aktionen werde die MIR nur der Konterrevolution zuarbeiten.

Allendes eigene Partei steht zu dieser Erklärung. Aber seit im Jahr 1971 Carlos Altamirano die Führung übernommen hat, ist der radikale Sektor im Vormarsch. Auch Altamirano kritisiert die Ultralinken für »ihre irrationale Ungeduld«[12], aber in öffentlichen Erklärungen beschuldigt die Sozialistische Partei nun auch die eigene Regierung, dass es ihr an Entscheidungswillen fehle, wodurch sich die Probleme der Bauern verschärft hätten. Im *Mercurio* veröffentlicht die Partei ein Dokument, in dem es heißt: »Der bürgerliche Staat in Chile dient nicht dazu, den Sozialismus aufzubauen, und es ist nötig, ihn zu zerstören.«[13] Das ist das Gegenteil von Allendes ständiger Beschwörung.

Auch die Radikale Partei fordert, den Rhythmus der Revolution zu beschleunigen, aber vierzehn ihrer Senatoren und Abgeordneten kündigen an, sich von der Partei trennen zu wollen, wenn sich die marxistische Linie durchsetze. Aus der MAPU scheren wichtige Politiker aus, darunter ihr Chef Jacques Chonchol, weil sie mit der zunehmend marxistischen Linie nicht einverstanden sind. Schon geht das Wort von Spaltung der UP um. Allende wiegelt wiederum ab: »Ich

würde nicht Spaltung sagen; ich würde sagen, es fehlt homogenes Denken.«[14]
Eine internationale Kampagne der USA gegen Chile stärkt der Opposition den Rücken. Ein französisches Gericht gibt der Klage von Kennecott und Anaconda statt und ordnet die Beschlagnahme einer chilenischen Kupferlieferung für europäische Abnehmer an, die per Schiff unterwegs ist nach Le Havre. Der Schaden für die Außenwirtschaft Chiles ist groß, denn es betrifft eine Lieferung von 1250 Tonnen Kupfer im Wert von 1,9 Millionen Dollar.
Ermutigt von solchen Vorgängen, schließt sich in Chile die Front der nationalen Opposition immer enger zusammen. Im März 1972 treffen sich auf der Finca El Arroyo in Chiñihue Vertreter ihrer Gremien, Unternehmer, der Kongresspräsident Aylwin, ein Mitglied des Obersten Gerichtshofes, verschiedene Exminister der Regierung Frei, zwei Mitglieder der Partido Nacional, zwei Priester, ein Vertreter von Patria y Libertad, der Chef des Opus-Dei-Ordens in Chile, der Rektor der Universität Chile – insgesamt dreiunddreißig Personen. Auf die Versorgungsschwierigkeiten anspielend, tischt ihnen der Gastgeber Silva Bascuñán auf: Pastel de Choclo, Maisauflauf, und nichts weiter. Die Teilnehmer beschließen, mit Entschiedenheit zu handeln. »Angesichts der Situation ist weder Feigheit noch Mutlosigkeit angebracht. Es ist die Stunde der Aktion.«[15]
Im Oktober beginnt der große Streik der LKW-Fahrer, der das Land nahezu lahm legt. Straßen werden blockiert, Nägel verstreut, Fahrer, die sich nicht anschließen wollen, bedroht. Die Streikenden erhalten aus der Streikasse 50 Dollar pro Tag. So geht es den ganzen Monat. Über die meisten Provinzen muss der Ausnahmezustand verhängt werden. Die Latifundisten sympathisieren mit den Streikenden und stellen die Lieferung von Milch und Fleisch ein. Auch Schiffskapitäne schließen sich an. Die Städte leiden an Unterversorgung mit Lebensmitteln und wichtigen Verbrauchsgütern. Die Fahrer, die arbeiten wollen, fordern Polizeischutz. Der Streik verursacht einen wirtschaftlichen Verlust von 200 Millionen Dollar für das Land. Die

Opposition will dem Volk vorführen, dass Allende nicht fähig wäre, das Land zu regieren, und ein anderer die Initiative ergreifen müsste: der Kongress oder das Militär.
Anfang November beschließt Allende, drei Militärs in sein Kabinett aufzunehmen: General Carlos Prats, der Oberbefehlshaber der Armee, wird Innenminister, Claudio Sepúlveda, General der Luftwaffe, übernimmt das Bergwerksministerium, und das Amt für Öffentliche Arbeiten geht an den Konteradmiral Ismael Huerta. General Prats erklärt, der Eintritt in die Regierung sei keine politische Verpflichtung, »sondern es handelt sich um eine patriotische Zusammenarbeit um des sozialen Friedens willen«. Öffentlich kündigt er an, dass bei künftigen Aktionen, »die der Wirtschaft, dem Leben und der Gesundheit der Bevölkerung schaden, die Schwere des Gesetzes angewendet wird«.[16]
Allende mag das für eine Gelegenheit halten, erst einmal tief durchzuatmen: das Militär als Garant der Ordnung. Er will nicht wahrhaben, dass er den Kampf um die Köpfe der meisten Generäle schon verloren hat.

Die Stunde der Rächer

Allende ist nun vierundsechzig Jahre alt und immer noch erfüllt von einem kraftvollen Arbeitselan. Nichts auf Regierungsseite, so scheint es, funktioniert ohne ihn. Er zieht alles an sich. »Es gibt kein Problem in Chile, das in den Vorzimmern des Präsidenten abgefangen wird«, schreibt die Biografin Alejandra Rojas. »Obwohl Salvador ein Heer von Beamten um sich hat, will er nicht delegieren.«[1] Selbst wenn er mit dem Helikopter im Land unterwegs ist, gibt er keine Ruhe, bis der Pilot ihm für ein paar Augenblicke den Steuerknüppel überlässt. Einmal, als der Hubschrauber einen Defekt hat und sie notlanden müssen, macht er sich eilenden Schrittes auf zur nächsten Straße, um per Autostopp an sein Ziel zu kommen. Denn zur Sitzung des Kabinetts darf er schon gar nicht fehlen.
Der Präsident ist hyperaktiv. Es ist ein großer Kampf, aber es ist auch ein endloser Kleinkrieg, bei dem die Regierung bisweilen nur noch hinhaltenden Widerstand leistet. Jeder Reformschritt führt zu einer neuen Welle von Konflikten, auf die es immer weniger Antworten gibt. Die Unidad Popular muss ihr Schrittmaß verkürzen und sich auf Kompromisse einlassen, die sie nicht liebt. Sie hat es mit einer »in Bewegung befindlichen Masse mit enormer Beschleunigung« zu tun, sagt Rojas, und »scheint die tiefe Zweiteilung zwischen politischem Diskurs und Volkswillen zu verkennen. Mit Volk, damit sind die zehn Millionen Chilenen gemeint, die blind dem Untergang der Vernunft entgegengehen.«[2]
Im Lärm der Parlamentsdebatten, flankiert von den Gehässigkeiten der Zeitungsschlagzeilen und ermuntert von den Zerreißproben im Allende-Lager, gedeihen die Pläne der Putschisten. In den Kasernen und Kasinos widerspiegelt sich ein nach rechts verschobenes Gesellschaftsbild. Auf den Kommandoposten haben die Sprösslinge der vermögenden Schichten traditionell ein Übergewicht. Die Oligarchie der Großgrundbesitzer ist besonders zahlreich vertreten. Einer Befragung aus dem Jahr 1965 zufolge stammten zu dieser Zeit

zweiundvierzig von hundert Offizieren aus der Großbourgeoisie, neununddreißig aus Mittelstandsfamilien und nur neunzehn aus dem Kleinbürgertum. In den abgelegeneren Gegenden ist es immer noch ein gesellschaftliches Ereignis, wenn ein junger Offizier die Tochter eines Latifundisten heiratet. Die Instrumentalisierung des Offizierskorps läuft auch am Familientisch und im Ehebett.

Was dort zur Sprache kommt, sind nicht mehr nur Kasinosprüche und politischer Gefühlskram. Schon im März 1972, nach dem Geheimtreffen der führenden Köpfe der regierungsfeindlichen Kräfte Chiles in Chiñigue, trat der Parteivorsitzende der Nationalen Partei, Sergio Onofre Jarpa, an die Rundfunkmikrofone und forderte Streitkräfte und die Carabineros auf, ihre Pflicht vor dem Vaterland zu erfüllen und die Regierung zu stürzen. Wer sich den Geist des ermordeten Generals Schneider nicht austreiben lässt, der wird einem Psychoterror unterzogen. Zaudernde Generäle und Offiziere finden in ihrer Post Hühnerfedern und Abbildungen von Schafsböcken – Symbole des Aberglaubens, mit denen man sich in Chile der Feigheit bezichtigt. Kochtopf-Señoras bewerfen Uniformierte auf offener Straße mit Maiskörnern, um deutlich zu machen, dass sie sie für feige Hühner halten.

Noch immer herrscht in der Öffentlichkeit die Ansicht vor, mit der Mehrheit der Soldaten in der chilenischen Armee sei kein Putsch zu machen. Ein französischer Korrespondent kabelt nach Paris: »Auf die Frage ›Was denkt die Armee?‹ antworten die Führer der Unidad Popular, die Opposition, die extreme Rechte und die MIR übereinstimmend: ›Sie ist in ihrer erdrückenden Mehrheit für uns.‹ Jemand täuscht sich hier offensichtlich.«[3]

Der Irrtum wird im November 1972 noch befördert durch den Eintritt der drei Oberbefehlshaber der Armee in die Regierung. Die Rochade schien ein geschickter Schachzug – aus der Sicht beider Seiten. Für die Allende-Anhänger, weil mit General Prats ein Mann in der Moneda ein- und ausgeht, von dem sie sich erhoffen, dass er die Armeeführung gegen die Putschideologie der Opposition abpuffern kann.

Für die Antreiber im Offizierkorps, weil dies die Aussicht eröffnet, weitere Schlüsselstellungen zu besetzen und schließlich die Macht auch auf legalem Wege zu erobern.
In der Tat fliegt kurz darauf eine Verschwörergruppe im Verteidigungsministerium auf, an deren Spitze der Leiter der Personalabteilung und ehemalige Direktor der Militärakademie, Alfredo Canales, steht. Bei den Untersuchungen kommt heraus, dass der General auch Kopf eines Terrortrupps ist, der sich aus den Waffenkammern der Kasernen reichlich mit Maschinengewehren, Handgranaten und Pistolen versorgt hat. Der Regierungsbeamte wird entlassen, nimmt an seiner Enttarnung aber keinen weiteren Schaden.
Inzwischen ist es Macho-Sitte bei den Pistoleros von Patria y Libertad und anderen Terrororganisationen, in aller Offenheit ihre Waffen zu zeigen, wenn sie sich an den Restauranttresen in Santiago lümmeln. Im Februar 1973 verzeichnen die Behörden 30 Attentate von rechts und links mit drei Toten und fünfzig Verletzten. General Prats versammelt in seinem Ministerium Vertreter aller Parteien, die Opposition inbegriffen, und verlangt, den ungesetzlichen Aktionen ein Ende zu bereiten – vergeblich. Sein Wille zu politischer Mitgestaltung ist erschöpft. Er sieht bei Allende nicht einmal mehr die Fähigkeit, die Parteien der Unidad Popular auf eine Linie zu bringen, von der Parlamentsmehrheit ganz zu schweigen. Das bringt ihn in einen unlösbaren Konflikt mit dem Generalstab. Ein Verharren an der Seite Allendes ließe sich nicht mehr als Neutralität ausweisen. Also gibt er sein Ministeramt ab und zieht sich auf seinen militärischen Kommandoposten zurück.
Allende hat diesen Entwicklungen nicht viel mehr als seine Rhetorik entgegenzusetzen. »Falls die Rechte ihre Politik der Provokationen fortsetzt, werden wir zur physischen Gewalt als Kampfmittel greifen. Weder die Regierung noch das Volk will diese Gewalt, aber wir werden konterrevolutionäre Gewalt mit revolutionärer Gewalt beantworten«, droht er.[4] Das klingt wie Pfeifen im dunklen Wald. Niemand weiß besser als der Generalstab der Armee, dass das eine leere

Drohung ist. Die Unidad Popular hat keine bewaffneten Kräfte zu ihrer Verfügung, es sei denn, man hielte Allendes kaum hundert Mann starke persönliche Schutztruppe dafür. Carlos Altamirano, der den linken Flügel der Sozialisten anführt, gibt für seine Partei eine Zahl von 1500 Männern mit leichten Gewehren an. Die MIR wäre viel zu schwach gegen den Goliath von Armee. Ihr werden nur fünfhundert bewaffnete und geschulte Anhänger zugerechnet, und sie steht ohnehin nicht unter seiner Autorität. Die MAPU, die Kommunisten und die Christliche Linke, eine Splitterpartei der Christdemokraten, die sich der UP angeschlossen hat, haben eigene kleine Kontingente zum Schutz ihrer Büros und Versammlungen. Damit lässt sich keine ernstzunehmende revolutionäre Gewalt ausüben. Allein mit der Garnison von Santiago können Putschisten dagegen mehr als 100000 leichte und schwere Feuerwaffen aufbieten.
Als Altamirano den General Prats für die Idee werben will, mit einer energischen legalen Operation der Regierung, gedeckt durch die Armee, den latenten Aufruhr im Lande niederzuschlagen, erwidert dieser kühl: »Ich bin nicht für einen Putsch der Rechten, aber ich werde auch nicht der Oberbefehlshaber der Volksmilizen sein, die den Sozialismus verteidigen wollen.«[5]
Die Unidad Popular hat sich in der Frage einer Volksbewaffnung ohnehin selbst blockiert. Seit Anfang 1973 gilt ein Gesetz über die Waffenkontrolle, das den Streitkräften das Recht einräumt, ohne Erlaubnis der Zivilbehörden Organisationsbüros und Privatwohnungen zu durchsuchen, um Waffen sicherzustellen. Die Gesetzesinitiative kam von den Christdemokraten. Allende und die Linksparteien stimmten halbherzig zu, um den Vorwurf von sich zu weisen, sie unterstützten den Terrorismus. Den Carabineros gibt das die Legitimation für noch schärferes Vorgehen gegen Landbesetzungen und beim Ausheben von Waffenlagern. Bei den Linksradikalen spricht man seither von einer neuen Ley maldita, von einem neuen verfluchten Gesetz.
Die Parlamentswahlen am 4. März 1973 offenbaren die politische Blockade in der Gesellschaft. Beide Seiten rechnen sich das Ergebnis

als Erfolg zu. Die Opposition, durch Überläufer von den Radikalen gestärkt, sammelt 56,6 Prozent der Stimmen für sich, verfehlt aber das erklärte Ziel, die Zweidrittelmehrheit zu erlangen, die notwendig wäre, um den Präsidenten zu stürzen. Die Hoffnung, »durch einen Knockout einen schnellen Sieg über die Regierung zu erringen«, habe sich als Trugbild erwiesen, räumt die Zeitung *Mercurio* ein.[6] Die Anhänger Allendes nehmen das als Ermutigung. Sie haben 43,4 Prozent der Stimmen auf sich vereinigt, sieben Prozent mehr als zwei Jahre zuvor bei den Präsidentenwahlen – trotz des Unmuts über die Inflation und die Stockungen in der Lebensmittelversorgung, trotz Panikmache mit der roten Gefahr und trotz des täglichen Terrors.

Der demokratische Wahlgang hilft dem Land jedoch nicht aus der Todesspirale heraus, die sich immer schneller dreht. Um das Patt zu ihren Gunsten aufzulösen, setzen die rechten Kräfte offen auf Gewalt. Armeeoffiziere schicken ihre Kommandos zu brutalen Durchsuchungen in die Fabriken und Arbeitersiedlungen, das Terrorkommando Roberto Matus errichtet im Stadtviertel Providencia Barrikaden, im Süden des Landes werden von den Banden der Großgrundbesitzer Bauern misshandelt, in den Kasernen werden regierungstreue Unteroffiziere gefoltert. Planungsbehörden, Bankverwaltungen, Parteibüros und Zeitungsredaktionen werden verwüstet. Die paramilitärischen Patria-y-Libertad-Leute patrouillieren mit Eisenstöcken, Ketten und Schlagringen, blockieren die Kreuzungen im Zentrum von Santiago und setzen mit Scheiterhaufen Fanale für das Kommende. Am 27. Juli wird der Marineadjutant des Präsidenten, Arturo Araya, einem Attentat zum Opfer fallen.

Die Regierung verhängt den Ausnahmezustand über die Provinz Santiago, hebt ihn aber zwei Wochen später wieder auf. Allende hat kein Talent für eine Politik der harten Hand. Er hätte, wenn er das wollte, dafür auch keine geeigneten Instrumente. »Ich bin einer von denen, die sich erschrecken, wenn einige Leute völlig unverantwortlich sagen, wir stünden kurz vor dem Bürgerkrieg«, hat er im August 1972 geäußert. »Der Bürgerkrieg, auch wenn er zu gewinnen wäre – und wir würden ihn gewinnen –, würde ganze Generationen zeichnen und das menschliche Miteinander zerstören.«[7] So bleiben ihm nur der Glaube an seine Überzeugungskraft und daran, dass sich die Masse der Chilenen einsichtig zeigt, den Weg sozialer Reformen mit ihm zu gehen und das Land aus der Krise zu erlösen.

Indessen treten in El Teniente die Mineros in einen Dauerstreik, was dem Kupferexport des Landes schweren Schaden zufügt und durch einen von der Regierung über die Region O'Higgins verhängten Ausnahmezustand nicht zu beheben ist. Allende reist zu der Siedlung Sewell, um sie zu besänftigen. Vergeblich. Gestützt von der rechten Mehrheit im Parlament, satteln Chiles zu dieser Zeit bestbezahlte Bergarbeiter immer neue Forderungen drauf. In Argentinien verhandelt zur gleichen Zeit der Führer von Patria y Libertad, Roberto Thieme, mit Gleichgesinnten über die Aufstellung bewaffneter Einsatzgruppen für den Ernstfall und erklärt in der Zeitung *La Prensa*: »Die Stunde ist gekommen, zu den Waffen zu greifen, um die Heimat zu verteidigen. Wenn ein Bürgerkrieg der Preis für die Befreiung Chiles vom Marxismus ist, sind wir bereit, diesen Preis zu zahlen.«[8]

Für den Bürgerkrieg braucht die Reaktion die harte Hand des Militärs. Ein Mann wie Prats an der Spitze des Heeres scheint dafür nicht geeignet. Am 27. Juni ereignet sich an einer Straßenkreuzung in Santiago ein kurioser Zwischenfall. Der Wagen des Generals wird von einem anderen Auto verfolgt. Aus dem Wagen neben ihm streckt ihm jemand die Zunge raus. Der General schaut weg. Das Spiel wiederholt sich mit obszönen Gesten. Prats greift nach dem kleinen Dienstrevolver seines Chauffeurs und richtet ihn drohend gegen das andere Auto. Schließlich wird angehalten und ausgestiegen, und die Person mit der langen Zunge erweist sich als eine Frau. Entschuldigungen beiderseits folgen, aber es sammelt sich eine Menschenmenge, deren Sympathien eindeutig nicht dem General gelten. Jemand besprüht sein Auto mit Farbe, ein anderer zersticht die Reifen. Sofort sind auch Fotografen zur Stelle. Prats wird beschimpft und muss mit einem Taxi fliehen. Die Presse hat ihre Schlagzeilen, der General fühlt sich öffentlich gedemütigt und will nun auch von seinem Posten als Oberkommandierender der Streitkräfte zurücktreten. Allende kann ihn mit knapper Not überzeugen, dieses Gesuch zurückzunehmen. Aber Prats' Position ist unterhöhlt.

Zwei Tage später tritt das 2. Panzerregiment in Santiago zum ersten offenen Putschversuch gegen die Regierung des Präsidenten Allende an. Angeführt von Oberst Roberto Souper, rollen acht Tanks zum Verteidigungsministerium und zur Moneda. Auf der Plaza de la Constitución eröffnen sie das Feuer gegen die Wachmannschaft der Carabineros. Unterstützt werden sie von Scharfschützen, die sich im Finanzministerium und in einer Bank eingenistet haben. Über den Rundfunksender *Agricultura* melden die Putschisten den Sturz Allendes.

Doch soweit ist es noch nicht. Prats schickt ein Artillerieregiment gegen die Aufrührer. Es ist das Regiment Tacna, dasselbe, das 1969 unter General Viaux gemeutert hatte. Die Kommandeure des Panzerregiments werden festgenommen – Verschwörer werfen Verschwörer nieder, eine scheinbar paradoxe Situation. Aus der Perspektive der Militärs sieht das anders aus. Den Schauplatz vor der Moneda betritt nach dem Waffenstillstand auch der Befehlshaber der Garnison Santiago, General Augusto Pinochet. Er trägt Helm und Kampfuniform. Noch übt er sich in Scheinloyalität. Später wird er zugeben, dass die Militärrevolte am 29. Juni dazu gedient habe, die Verteidigungsstrategien der Regierung und die Verhaltensweisen der Heeresoffiziere in einem solchen Konfliktfall zu erkunden. Die Bilder haben etwas von einer Inszenierung an sich. Falls Prats wirklich zurücktritt, wartet der Oberbefehl über die Armee der Rangfolge gemäß auf diesen ehrgeizigen Mann.

Augusto Pinochet hat flüchtige Erinnerungen an Salvador Allende aus der Jugendzeit in Valparaíso, wo beide geboren sind. Er mochte ihn offenbar schon damals nicht, den elegant gekleideten Medizinstudenten, der einen blendenden Eindruck auf die jungen Frauen macht und gern politische Reden schwingt. Der sieben Jahre ältere

Allende mit General Augusto Pinochet am Tag von dessen Ernennung zum Generalstabschef der Armee

Salvador stammt aus intellektuellem Hause, während er, Augusto Pinochet, nur einen Feuerwehrmann als Vater vorweisen kann. Für so einen liegt damals die Militärakademie näher als die Universität.
Mit sechzehn wird er Kadett und genießt den respekteinflößenden Glanz der Uniform, worin er seine schmächtige Figur verstecken kann. Er schaut gern Historienfilme, ist fasziniert von der brachialen Kriegführung Napoleons und Julius Cäsars und von den Flankenangriffen Friedrichs des Großen, analysiert später alle großen Schlachten des Zweiten Weltkriegs und bewundert den Afrikafeldzug des deutschen Generals Erwin Rommel. Hitler habe sich geirrt und außerdem den Fehler gemacht, den Krieg zu verlieren, sagt er 1989 in einem Interview mit einem Unterton des Bedauerns.[9] Die deutschen Wehrmachtsoffiziere nimmt er generell in Schutz. Allein die SS habe das Gefühl für Anstand und Gottesfurcht verloren. Und um die SS zu beschreiben, gibt er ein chilenisches Beispiel: Allendes kaum mehr als einhundert Leute umfassende Wachmannschaft GAP sei damit zu vergleichen. Fidel Castro ist für ihn ein Mann, der »keinen Gott und kein Gesetz«[10] kennt. Und von den Priestern der Befreiungstheologie, wie dem Kolumbianer Camilo Torres, meint er: »Sie tragen die Soutane, um Teufelei zu betreiben.«[11]
Mit diesem Weltbild ausgestattet, muss er im September 1970 auf seinem damaligen Kommando in Iquique die Nachricht vom Wahlsieg Salvador Allendes hinnehmen: »Ich rief meine Offiziere zusammen und sagte ihnen: ›Señores, gesiegt hat der Señor Allende, der ein Kommunist ist. Dieses Land weiß nicht, in was es hineingerät.‹«[12] »Meine Herren«, so klagt er vor seiner Kamarilla in Iquique weiter, »wir sind auf einen schwierigen Weg gelangt, und sicher werde ich in den Ruhestand versetzt. Ich bin Divisionsgeneral, aber ich habe nichts mehr zu tun, als nach Hause zu gehen.«[13]
Doch er denkt nicht im Ernst daran, sondern macht sich sofort auf nach Santiago, um sich von dem damaligen Heereschef, General René Schneider, für seinen Befehlsposten bestätigen zu lassen. Wenige Tage nach dem tödlichen Attentat auf seinen Oberkommandieren-

den General Schneider befördert Präsident Allende den Mann, der ihm drei Jahre später nach dem Leben trachten wird, auf den Posten des Chefkommandanten der Garnison Santiago. Bei einem Gespräch in der Moneda versucht Allende sogar, dem General seine sozialpolitischen Ziele klarzumachen. Doch dieser schweigt dazu. Später bezeichnet er dieses Gespräch als »Versuch einer Gehirnwäsche«.[14]
Allende bleibt zunächst arglos. Das chilenische Militär steht immer noch in einem weit besseren Ruf als Generäle und Obristen der benachbarten Länder. Gravierende Übergriffe aus den Kasernen in das Innenleben hat das Land nur zweimal erlebt. Sie liegen weit zurück, geschahen in den Jahren 1891 und 1927. Der Tod des Generals Schneider scheint dem Neutralitätsedikt keinen Riss zugefügt, sondern eher den Patriotismus der Uniformträger gefördert zu haben. Die Kommunistische Partei hat sich in den Monaten vor der Wahl und bis zum Regierungsantritt Allendes sogar als Vermittler betätigen können. General Prats, Befehlshaber der chilenischen Armee, erhebt auf einem dieser Treffen sein Glas zum Toast und bekennt, man habe »in einem bestimmten Moment die Gefahr gesehen, dass das Land in einen Bürgerkrieg gestürzt« würde. Inzwischen seien sie »sehr zufrieden, etwas dazu beigetragen zu haben, den verfassungsmäßigen Zustand des Landes zu sichern«.[15]
Tatsächlich teilen nicht viele Offiziere in Prats' Generalstab diese Meinung. Darüber weiß der US-amerikanische Geheimdienst besser Bescheid als die chilenische Regierung. Im Jahr 1971 führt die CIA-Station in Santiago eine Operation durch, die die chilenischen Generäle davon überzeugen soll, »dass Allende insgeheim mit Castro konspiriert, um das Armee-Oberkommando zu unterminieren«.[16] Für ein Netzwerk an Informanten und Verbündeten innerhalb der chilenischen Armee wird viel Zeit und Geld aufgewendet. Seit Allendes Amtsantritt befasst man sich mit dem Sammeln und Auflisten von Militärs, die einem Putsch nicht abgeneigt sind. Im August 1971 beginnt die Station Namenslisten von Offizieren zusammenzustellen, die »stark in Opposition zum jetzigen Regime sind«.[17]

In dieses Puzzle passt Pinochet: »Der US-Geheimdienst hat ihn als möglichen Verschwörer seit dem Sommer 1971 auf seinem Radarschirm.«[18] Ein Informant, der den General bei einem Essen erlebt hat, beschreibt Pinochet als »einen milden, freundlichen, engspurigen Militär, der voll und ganz in das neue Feld von Sicherheit, öffentlicher Ordnung und politischem Geschehen eingetaucht ist und es ganz deutlich genießt, wichtig zu sein«.[19]
Anfangs wird Pinochet nur als jemand gesehen, der beim Sturz Allendes mitmachen, aber nicht führen wird. Doch schon in einem CIA-Dokument vom 27. September 1972, fast ein Jahr vor dem Putsch, teilt ein CIA-Kontaktmann mit, dass der General nun davon ausgehe, »dass Allende zum Rücktritt gezwungen oder beseitigt werden muss«.[20] Im selbem Monat reist Pinochet in die Panama-Kanalzone, die zu dieser Zeit noch unter US-Hoheit steht, und verhandelt über die Lieferung von Panzern an die chilenische Armee. Er nimmt die Botschaft mit, dass die »USA einen Putsch gegen Allende mit was immer für nötigen Mitteln unterstützen werden, wenn die Zeit kommt«.[21]

Die Meuterei des 2. Panzerregiments am 29. Juni 1973 in Santiago treibt Allendes Anhängerschaft auf die Straßen. An der Moneda versammeln sich am Abend nach dem Putsch mehr als 100 000 Demonstranten. »Vor Gericht mit den Meuterern«, rufen sie, fordern die sofortige Schließung des Kongresses und die Errichtung der »Poder Popular«, der Volksmacht.
»Ihr müsst die wahre Position der Regierung verstehen«, verlangt Allende von ihnen mit fester Stimme. »Ich werde den Kongress nicht schließen, weil das absurd ist.«[22] Ein gellendes Pfeifkonzert antwortet ihm. »Doch wenn es nötig ist, werde ich mich für eine Volksabstimmung einsetzen, damit das Volk diese Situation klärt«, setzt er hinzu. Dafür bekommt er tosenden Beifall. »Allende, das Volk ist mit dir«, schallt es zu ihm herauf.
An seiner Seite auf dem Balkon der Moneda zeigen sich der Oberbefehlshaber General Prats und die Kommandanten der Marine, der

Luftwaffe und der Carabineros. »Ich habe das Volk gerufen«, fährt Allende fort, »damit es hört, lernt und informiert ist; damit es die Streitkräfte ehrt und gleichzeitig meine Anerkennung bekommt für sein Verhalten in den Fabriken und in der Industrie.«[23] Er setzt noch immer auf die Bremskraft eines vermeintlich verfassungstreuen Kerns in der Armee.

Allende mit Luis Corvalán (M.) und Carlos Altamirano (l.) während einer Kundgebung der UP im Nationalstadion von Santiago am 18. Mai 1973

Am 4. Juli bildet Allende die Regierung erneut um. Einen Augenblick lang scheint Besinnung einzukehren, als Erzbischof Silva Henríquez an alle politischen Strömungen appelliert, den Dialog zu führen und einen Bürgerkrieg zu verhindern. Doch Verhandlungen, um einen Weg zur Stabilisierung des Landes zu finden, zeitigen keinen Erfolg. Unterdessen schließen sich die Omnibusbesitzer und Taxihalter dem Streik der Fuhrunternehmer an und in Santiago kommt der Personenverkehr fast zum Erliegen. Der Präsident beauftragt die Armee, den normalen Betrieb des Transportwesens zu sichern und versetzt sämtliche Regierungsdienste in den Ausnahmezustand. Zehntausende Freiwillige, die zur Unidad Popular halten – Arbeiter, Studenten und Schüler vor allem –, helfen beim Frachttransport, auf den Großmärkten und bei der Belieferung der Händler mit den wichtigsten Bedarfsgütern. Saboteure überfallen solche Transporte, streuen stählerne Reifentöter und legen Salzsäureschachteln auf den Straßen aus. Mindestens drei Streikgegner werden bei Anschlägen in den Augusttagen getötet. Die Regierung erklärt den Streik der Fuhrunternehmer für ungesetzlich – eine hilflose politische Geste. Der Streikführer León Vilarín bleibt unangetastet und sorgt dafür, dass jedem Kraftfahrer, der bei ihm mitmacht, aus den gutgefüllten Streikkassen 2000 Escudos Entschädigung zukommen.

Am 22. Juli treffen sich Allende, Luis Corvalán, der Chef der Kommunisten, und Carlos Altamirano, Generalsekretär der Sozialisten, mit General Carlos Prats in einem Haus in Cañaveral, wo Allende gelegentlich residiert. Prats notiert: »Altamirano beharrt darauf, dass, obwohl er die generelle Notwendigkeit zum Dialog versteht, dieser zu einer Schwächung des politischen Prozesses führen werde. Corvalán sagt, die ökonomischen Umstände des Landes ließen keine Alternative zum Dialog zu, aber dieser müsse unter der Voraussetzung der Stärke der UP geschehen. Altamirano besteht darauf, dass die Voraussetzung der Stärke durch uns, die Chefkommandanten der Armee, zu schaffen sei, indem man offen putschgeneigte Generäle und Admirale entferne. Ich für meinen Teil sage, man müsse verstehen, dass die Streitkräfte sich von Extremismen umzingelt fühlten und dass die Eventualität eines militärischen Putsches nicht nur den politischen Prozess der UP schwächen, sondern ihn beseitigen würde.«[24]
Noch einmal versucht es Allende mit einer Kabinettsumbildung. Am 9. August nimmt er erneut Vertreter aller drei Teilstreitkräfte und der Carabineros in die Regierung auf. Marineadmiral Raúl Montero wird Finanzminister, Luftwaffenchef César Ruiz Minister für Öffentliche

Arbeiten und Verkehrswesen, der Generaldirektor der Carabineros José María Sepúlveda bekommt das Ministerium für Landerschließung. General Prats übernimmt diesmal den Posten des Ministers für Nationale Verteidigung. Der Präsident bezeichnet dies als ein Kabinett der Nationalen Sicherheit. Für jede Provinz wird ein Militärbevollmächtigter ernannt und mit dem Recht ausgestattet, Transportmittel zu beschlagnahmen.

Davon machen die meisten aber keinen Gebrauch. Eher sehen sie darauf, wie sie auf diese Weise unauffällig in die staatlichen Verwaltungen einsickern können. Die einzige nennenswerte Aktion richtet sich gegen einen Stützpunkt des Spediteurs Vilarín in Puente Alto, 20 Kilometer südlich von Santiago, wo 2500 importierte Lastwagen geparkt sind. Die Fahrzeuge werden jedoch nicht auf die Landstraßen geschickt, sondern in die Kasernen gelenkt, wo sie bleiben, bis es mit der Unidad Popular vorbei ist.

Zugleich demonstrieren die Gegner Allendes auf spektakuläre Weise dem Volk, wie die Macht des Präsidenten zerfällt. Während der Bedrängte eine beschwörende Fernsehansprache hält, verschwindet sein Gesicht vom Bildschirm. In weiten Teilen des Landes sind Sprengladungen an den Hochspannungsmasten detoniert. Die Hälfte aller Chilenen bleibt für Stunden, viele bleiben für Tage ohne Strom. Rundfunksender verbreiten das Gerücht über Aufruhr unter den Fliegern, gleichsam höhnische Begleitmusik zu einer kapitalen Fehlentscheidung Allendes, der dem General Ruiz nach dessen Rücktritt als Minister auch das militärische Kommando entzieht und den General Gustavo Leigh zum Chef der Luftwaffe ernennt. Allende ahnt nicht, dass er damit einen der Hauptverschwörer an seine Seite holt und diesem eines der wichtigsten Instrumente für den Putsch in die Hand gibt.

Um den Verteidigungsminister und Armeeoberbefehlshaber Carlos Prats wird es nun eng. Die Ehefrauen mehrerer Offiziere und Generäle belagern am 21. August sein Haus und fordern Prats' Ehefrau auf, ihn zum Rücktritt zu bewegen. Der Mann muss weg von der Armeespitze, jedoch möglichst nicht auf so rabiate Art wie der General Schneider.

Obwohl krank und von Fieber geschüttelt, fährt Prats in den Generalstab und verlangt von den Generälen eine Solidaritätserklärung. Das wird ihm verweigert. Der Chef des Generalstabs, General Pinochet, versichert ihm bei dieser Gelegenheit: »Ich bin ein General, der die Verfassung achtet, und ich werde der Regierung gegenüber bis zum Ende loyal bleiben.«[25] Zwei Tage später tritt Prats vom Oberbefehl über die chilenischen Streitkräfte zurück und empfiehlt beim Präsidenten Pinochet als seinen Nachfolger. Nur einmal, für einen kurzen Moment, wird Allende misstrauisch. Carlos Altamirano hat ihn angerufen und gesagt, dass Pinochet zu den Verschwörern gehört. Allende zitiert Pinochet im Morgengrauen in sein Haus und stellt ihm im Beisein anderer ein paar Fragen. Der General besteht die Prüfung.
Daraufhin gibt sich Präsident Allende wieder zuversichtlich. Nachdem er die Ernennungsurkunde für Pinochet unterzeichnet hat, ruft er am gleichen Tag vom Balkon der Moneda den Teilnehmern einer Jugenddemonstration zu: »Dieser Schritt dient der Unterstützung der Regierung. Er richtet sich gegen diejenigen, die versuchen, eine Trennwand zwischen den Streitkräften auf der einen Seite und der chilenischen Regierung und dem chilenischen Volk auf der anderen Seite zu errichten.«[26]
Tragische Sätze eines politisch Erblindeten? Allende mag in diesen seinen letzten Tagen noch einmal die Hoffnung gehabt haben, das Würgeeisen der Wirtschaftsblockade ließe sich ein wenig lockern. Mehrere europäische Länder ignorieren das von den USA verfügte Wirtschaftsembargo. Spanien, Schweden, Finnland und Dänemark gewähren Kredite, mit denen Lebensmittel, Ausrüstungen und Lastkraftwagen importiert werden können. Mit Italien verhandelt man über ein Abkommen für Hilfeleistungen. Die Länder des sozialistischen Blocks kaufen chilenisches Kupfer und schicken, zumindest was die DDR betrifft, auch mal ein Schiff mit Solidaritätsgütern. Aber das wiegt die Schäden, die durch die Anschläge auf Eisenbahndämme, Erdölleitungen, Tankstellen, Handelshäuser und Parteibüros entstanden sind, keineswegs auf.

Am 26. August wird Roberto Thieme verhaftet. Ungehemmt plaudert der Patria-y-Libertad-Führer vor seinen Vernehmern über Terrorakte, die er sich gern zuschreiben lässt, und über Personalien seiner Terrororganisation. Er nennt die Namen von Wirtschaftskapitänen, Professoren der Katholischen Universität und Parlamentsabgeordneten und verweist auf eine wachsende Anhängerschaft im Militär. Die Öffentlichkeit soll wissen, wie tief seine Terrororganisation in der Gesellschaft verankert ist. 50 Millionen Escudos habe man ihm zugesteckt, um Sabotageakte zu finanzieren und Waffen zu kaufen.
Am gleichen Tag stürmt ein seltsames Aufgebot von dreißig Marinesoldaten den Rundfunksender in Valparaíso und fordert über Mikrofon die Angehörigen der Seestreitkräfte zur Befehlsverweigerung auf. Anführer ist ein Obermaat namens Cárdenas, in Wahrheit kein Revolutionär, sondern ein Agent provocateur des Marinegeheimdienstes. Die Aktion liefert dem Oberkommando der Seestreitkräfte den Vorwand, die Hafenstadt unter Kontrolle zu bringen, Verhaftungen vorzunehmen, Funktionäre linker Parteien, Gewerkschafter und sympathisierende Matrosen zu verhaften und Geständnisse über eine angebliche Verschwörung gegen die Seestreitkräfte zu erfoltern. Die Regierung in Santiago muss dem Geschehen ohnmächtig zusehen. Später werten manche Historiker diese Geschehnisse als den eigentlichen Beginn des Putsches.
Der 4. September, dritter Jahrestag von Allendes Wahlsieg, verleiht der von grandiosen Hoffnungen begleiteten Epoche der chilenischen Geschichte noch einmal einen trügerischen Glanz. Eine Million Anhänger der Unidad Popular demonstrieren sechs Stunden lang durch Santiago und bilden gleichsam eine lebende Mauer um den Moneda-Palast. Sie rufen Losungen wie »Arbeiter habt acht, Putschisten wollen an die Macht«, und sie drängen Allende: »Schluss mit den Verhandlungen, die Stunde des Kampfes hat begonnen.«[27] Der Präsident wendet sich über Fernsehen und Rundfunk an alle Chilenen. Die Reaktion könne nur durch die Einheit des Volkes in die Schranken gewiesen werden, erklärt er dieser längst tief gespaltenen Gesell-

schaft und räumt ein: »Ich muss es Ihnen, meine Landsleute, in aller Offenheit sagen, als Ihr Genosse und Ihr Präsident: Wir sind Zeugen einer verbrecherischen Verschwörung.«[28]

Doch dabei handelt er so, als glaube er seinen eigenen Worten nicht. Am 9. September versammelt er die Generäle, die zur Umgebung von Carlos Prats gehört hatten. Unter den Geladenen befindet sich auch Pinochet. Der Präsident teilt ihnen mit, dass er eine Volksabstimmung abhalten wolle, um den Konflikt zwischen ihm und den von seinen Gegnern beherrschten Kammern des Kongresses aufzulösen. Ein Vorhaben, mit dem er deutlich zu erkennen gibt, dass er sein weiteres politisches Schicksal an eine urdemokratische Entscheidung hängen will. Er nennt auch das Datum der Bekanntgabe seines Plans im Kongress: den 10. September. Die Generäle schlagen vor, den Aufruf um zwei Tage zu schieben, von Montag, den 10. September auf Mittwoch, den 12. September.

Allende ist einverstanden. Er erkennt nicht das Eis in den Gesichtern seiner Feinde oder er will es übersehen. Er weiß nicht, dass Flottenadmiral José Toribio Merino, dessen Schiffe vor der Küste mit US-amerikanischen Verbänden zu dem Manöver Unitas unterwegs sind, für die Nacht auf den 11. September einen Landeinsatz in Valparaíso vorbereitet. Seine Quellen reichen nicht aus, um etwas mitzukriegen von dem, was in diesen Tagen in den Führungskreisen der Luftwaffe verabredet wird. Und er ahnt wohl auch nichts von den Anweisungen des Heereschefs Pinochet, der landesweit, von der Grenze zu Peru bis nach Feuerland, seine Truppen unauffällig so vorbereitet, dass sie nur noch – und zwar mit einem minimalen Zeitlimit – die Munition zu laden brauchen, um über den Städten, Industriezonen, Landwirtschaftszentren, Arbeiterwohngebieten, Studentenheimen, Verwaltungen, Parteibüros, Gewerkschaftseinrichtungen die Macht der Gewehrläufe zu etablieren. Er wird auch nicht mehr davon erfahren, dass Merino am 9. September in einem Geheimbrief an Pinochet und Leigh den Putschtermin auf den 11. September, sechs Uhr morgens festlegt, verbunden mit der Ermahnung an den Heereschef: »Augusto, wenn du nicht alle Kräfte Santiagos vom ersten Moment an bereitstellen kannst, werden wir die Zukunft nicht erleben. Pepe.«[29]

Pinochet erkennt sofort, dass dieses Schreiben auch eine Drohung gegen ihn selbst enthält. Wenn er sich jetzt nicht vorwagt, werden andere ans Werk gehen, und wenn er nicht mit größter Rücksichtslosigkeit zuschlägt, kann es schiefgehen mit seinem historischen Anspruch, als Retter von Chile aufzutreten. In seinem Buch *El día decisivo* räumt er später ein: »Vielleicht hätte eine einzige loyale Garnison, die sich uns militärisch entgegenstellt, ausgereicht, um die Streitkräfte zu teilen, und es wäre zu einem Bruderkrieg gekommen.«[30]

Am Morgen des 11. September erfolgt die totalitäre Antwort des reaktionärsten Flügels der bürgerlichen Klasse in Chile auf das sozialistische Experiment, das Salvador Allende drei Jahre zuvor mit seinem Wahlsieg eingeleitet hat. Es findet kein Kräftemessen statt zwischen links und rechts an diesem 11. September 1973 in Chile, es ist ein Abräumen. Die chilenischen Landstreitkräfte haben 38000 Mann zur Verfügung, darunter 9000 Einberufene, die Marine 15000 Mann, die Luftwaffe 8000. Hinzu kommen die 22500 Carabineros. Insgesamt stehen somit 83500 Bewaffnete gegen das Regime des demokratisch gewählten Präsidenten Allende und seine Anhängerschaft.

Die eigentlich Zuständigen für die Ordnung im Lande sind die Carabineros. Viele Offiziere der Streitkräfte verfügen über eine Ausbildung zur Bekämpfung von Widerstand und Unruhen. Mehr als 2000 von ihnen haben Lehrgänge an US-amerikanischen Militärschulen in Panamá und in Fort Benning absolviert. Ein großer Teil der lateinamerikanischen Diktatoren lernte dort Bekämpfung von subversiven Elementen und Antiguerillakrieg. Auch Pinochet bekam dort dreimal einen entsprechenden Schliff.

Washington ist bestens im Bilde über die Putschvorbereitungen. Dreißig US-amerikanische Offiziere arbeiten seit Beginn der Regierungszeit Allendes an der Militärmission in Santiago und gehen in

den Kasinos der Marine und der Luftwaffe ein und aus. Mit Krediten für die Militärhilfe hat die US-Administration auch in der Allende-Zeit nie gegeizt, trotz Wirtschaftsboykott. US-Botschafter Nathaniel Davis, der am 6. September zur Berichterstattung nach Washington flog, ist rechtzeitig am 10. September zurück in Santiago. Das in San Francisco erscheinende Magazin *Ramparts* fasst später zusammen:
»Die Verstärkung der regierungsfeindlichen Tätigkeit in Chile war sorgfältig mit der US-Politik koordiniert. Davis umgab sich mit einem ganzen Kommando von Leuten, die berufsmäßig Sabotagen organisierten. Der Umsturz war weder ein reines Produkt der CIA noch ein Ergebnis allein der Tätigkeit der chilenischen Reaktion. Er war vielmehr das Resultat der vereinten Bemühungen der nordamerikanischen und chilenischen Bourgeoisie und ihres Verbündeten, der Militärkaste, deren Interessen völlig übereinstimmten.«[31]
Dem Angriff der Militärs hat die Unidad Popular weder ein bewaffnetes Volk entgegenzusetzen, noch irgendwelchen gerüsteten ausländischen Beistand. Pinochet, der den Luftwaffenoffizieren vor dem Putsch sagen ließ, sie müssten ihre Flugplätze gegen die drohende Landung ganzer Aeroflot-Geschwader mit kubanischen Einsatztruppen an Bord verteidigen, schickt seine Hawker Hunter ganz unbedeckt gegen den Präsidentenpalast.
Die Putschisten setzen auf ein größtmögliches Überraschungsmoment. Sie nennen es Operación Silencio, Operation Schweigen: zuerst kommt die Kontrolle über die Rundfunkstationen, Fernsprechämter, kommunalen Versorgungseinrichtungen, Kraft-, Wasser- und Gaswerke und die Treibstofflager. Dann folgen der Aufmarsch der Panzer und Schützenpanzerwagen vor der Moneda, die Tiefflieger über dem Palast, der Angriff: Es ist der 11. September 1973, elf Uhr in Santiago de Chile. Drei Stunden später ist Salvador Allende tot.

Requiem für einen Erlöser

Einen Tag nach dem Putsch, am 12. September 1973, gibt die Militärjunta des Generals Pinochet bekannt, der Körper des Präsidenten sei in einem Raum der Moneda aufgefunden worden. Eine Kommission des Medizinischen Dienstes der Streitkräfte und der Carabineros habe den Tod bestätigt. Ein medizinisches Gutachten wird nicht veröffentlicht.

Niemand darf den Leichnam sehen. Nur die Ehefrau Hortensia Bussi, die sich in die mexikanische Botschaft gerettet hat, erhält die Erlaubnis, den Toten zu begleiten. Man fliegt sie und den Sarg in einer Militärmaschine nach Allendes Heimatstadt Valparaíso. Er wird auf dem Friedhof Santa Inés in Viña del Mar beigesetzt, und zwar ohne dass die Militärs Tencha erlauben wollen, den Leichnam zu sehen. »Ich bestand darauf, einen Blick auf den Körper meines Mannes zu werfen«, berichtet sie später. »Sie hoben den Deckel des Sarges an, ich konnte aber nur ein Laken sehen. Ich wusste nicht, ob dort sein Kopf oder seine Füße ruhten.«[1]

Die Umstände der Überführung und der Beisetzung nähren noch lange die Vermutungen, das Militär habe etwas verstecken wollen. Allende sei durch Mord und nicht durch Selbstmord geendet. Diese These hat zuerst Fidel Castro in einer zornigen Gedenkrede in die Welt gesetzt, gestützt auf einen nicht belegten Bericht aus Chile. Später tauchten noch andere Versionen auf.

Eine der Quellen ist Dr. Óscar Soto Guzmán, Arzt Allendes und einer der wenigen Zeugen des 11. September in der Moneda, der überlebt hat. In einem Interview, das er im September 1983 der spanischen Zeitung *El País* gibt, schildert er die letzten Augenblicke in der Moneda: Allende befindet sich mit einer Gruppe von Leuten im zweiten Stock, während Soldaten in den ersten Stock eindringen und ihn, Soto, auffordern, alle aus dem zweiten Stock herunterzuholen. Er steigt hoch und sieht Allende zwischen Rauchschwaden und kaputten Wänden, mit Helm und Maschinengewehr. »›Was ist, Doktor?‹, fragt er mich. Ich antworte ihm: ›Sie haben den ersten Stock eingenommen und alle sollen runterkommen, es gibt keinen Ausweg mehr.‹ Allende fordert die Leute auf, runterzugehen, sie sollen ihr Leben nicht weiter gefährden. Ich weiß nicht, wie viele gehen. Ich glaube, bei Allende sind nur fünf oder sechs von seiner Leibwache geblieben. Uns andere stellen sie an die Wand, mit den Händen auf dem Rücken. Die Armee dringt in den zweiten Stock vor, und wir hören eine heftige Schießerei. Ein Compañero neben mir, Enrique Huertas, sagt: ›Sie haben den Präsidenten getötet.‹«[2]

Ein anderer Arzt aus dem Team um Allende, Dr. Patricio Guijón, gibt dagegen Zeugnis vom Selbstmord. Er, so sagt er 1984 in einem Interview, habe diese Selbsttötung direkt erlebt. Die *New York Times* berichtet im September 1988, der Arzt sei zurückgelaufen, um seine Gasmaske mitzunehmen, und habe den Präsidenten als Toten vorgefunden, mit der automatischen Waffe zwischen den Knien, »der größte Teil des Kopfes weggeblasen«.[3] Aber Guijóns Version erregt ebenfalls Zweifel. Er sagt auch: »Ich glaube, im Grunde haben mir nicht einmal die Militärs geglaubt.«[4]

Wahrscheinlich wird man nie sicher wissen, was wirklich geschah. Der Arzt Tomás Tõvar, der für die Militärs die Autopsie an Allende vornahm – der Bericht wurde nie veröffentlicht –, hat sich später umgebracht.

Die Junta der Generäle, die nun Chile zu regieren gedenkt, macht sich ihr eigenes Gesetz. Mehr als 4000 Menschen sterben in den nächsten Tagen, Wochen und Monaten unter den Schüssen, den Foltern, den Brandschatzungen der Putschisten und der zivilen Rächer von Patria y Libertad und anderer Terrororganisationen, so stellt 20 Jahre später die Kommission für Wahrheitsfindung und Aussöhnung fest. Für Wochen verwandeln die Militärs das Stadion von Santiago, in dem ein Jahrzehnt zuvor die Chilenen zur Fußballweltmeisterschaft gejubelt haben, in ein von Todesschreien erfülltes Gefangenenlager.

Ein besonders grausames Schicksal erfährt Victor Jara, der legendäre Sänger der Unidad-Popular-Zeit. Seine Frau, Joan Jara, findet ihn durch anonyme Hinweise in der städtischen Leichenhalle, geschlagen und getreten, am Kopf verletzt, das Gesicht zerschunden, »die Brust durchlöchert und mit einer offenen Wunde im Unterleib; die Hände hingen im seltsamen Winkel von den Armen, als ob die Handgelenke gebrochen waren«.[5] Er hatte seine Gitarre und seinen Ausweis weggeworfen, um nicht identifiziert werden zu können, aber er hinterlässt noch ein Lied: »Wir sind 5000 in diesem kleinen Teil der Stadt. Ist das die Welt, die du geschaffen hast, mein Gott?«

Im Río Mapocho, der Santiago durchströmt, treiben Leichen. In den Angstfantasien des Volkes nährt das die Vorstellung, der Fluss habe sich in den Tagen nach dem Putsch rot gefärbt.

Viele von Allendes Ministern, Beratern und engeren Gefährten überleben den Terror nicht. Die Junta wütet in den Industriegürteln, versucht die wenigen bewaffneten MIR-Leute aufzuspüren und gründet den Geheimdienst DINA (Dirección Nacional de Investigación). Angeführt von General Manuel Contreras, beginnt die DINA einen grausigen Feldzug zur Vernichtung aller Strukturen, aus denen sich Widerstandsnester bilden könnten. Nur etwa die Hälfte der Schicksale der Verschwundenen lässt sich später dokumentieren. In den meisten Fällen wissen die Familien bis heute nicht genau, ob ihre Angehörigen in Kohlegruben verscharrt oder von Hubschraubern aus ins Meer geworfen wurden oder auf der Flucht in den eisigen Winden der Anden umgekommen sind.

Tausende Anhänger der Unidad Popular werden in Konzentrationslager verschleppt. Das Gefängnisgelände von Pisagua ist überfüllt. Den Führer der Kommunistischen Partei Luis Corvalán, der bis zuletzt die linken extremistischen Kräfte zur Mäßigung aufgerufen und für Verhandlungslösungen plädiert hat, deportiert man wie viele seiner Genossen in das Konzentrationslager auf der südlichen Felseninsel Dawson, wo ein fast subarktisches Klima herrscht, das allein ausreicht, einen Teil der Lagerinsassen zu zermürben. Hinter den Mauern der Kasernen wird die Abrechnung mit oppositionellen Militärs erledigt. Mindestens fünfundzwanzig Generäle und Offiziere werden exekutiert. Einer von ihnen ist der Luftwaffengeneral Alberto Bachelet. Unter Allende war er Leiter der Kommission für Versorgung und Handel. Auf dem Totenschein aus dem Jahr 1974 steht: verstorben an Herzversagen. Kurz nach dem Putsch hatte man ihn verhaftet und monatelang schweren Torturen ausgesetzt.

Mindestens 150000 Chilenen gelingt die Flucht ins Exil. Es ist die größte Emigrationswelle, die das Einwandererland in seiner fast zweihundertjährigen Geschichte als unabhängiger Staat erlebt hat. Linke Politiker und Journalisten, sozialistische Bürgermeister, kommunistische Gewerkschafter, katholische Priester, ehemalige Staatsbeamte, Künstler, die sich für Allende eingesetzt haben – niemand, der auf der Seite der Unidad Popular stand, kann sich seines Überlebens in Chile sicher sein. Auch Allendes Familie flieht: Seine Frau Hortensia und Tochter Carmen Paz finden in Mexiko Asyl, die Töchter Beatriz und Isabel gehen nach Kuba.

Doch der lange Arm der Rächer reicht bis ins Ausland. Am 30. September 1974 wird der verfassungstreue Vorgänger Pinochets und ehemalige Innenminister Carlos Prats zusammen mit seiner Ehefrau Sophia Cuthbert in Buenos Aires von einer Autobombe zerfetzt. Prats hatte sein Heimatland vier Tage nach dem Militärputsch verlassen. Zunächst soll die Tat der argentinischen Terrororganisation Alianza Anticomunista Argentina (AAA) in die Schuhe geschoben werden. Wie sich später herausstellt, war es das Werk von DINA-Leuten unter der Führung des CIA-Agenten Michael Townley.

Zwei Jahre nach der Machtergreifung setzt die DINA zu der Operation Condor an, einer mit den Geheimdiensten von fünf anderen lateinamerikanischen Staaten koordinierten Verfolgungsjagd auf exilierte Gegner des Militärregimes. In Washington stirbt am 21. September 1976 Allendes ehemaliger Außenminister Orlando Letelier, ebenfalls bei einem Autobombenanschlag. 14 Jahre später enthüllt das New Yorker *Harper's Magazine*, das zu eben dieser Zeit enge Kontakte der CIA zu dem Führer der Operation Condor, Manuel Contreras, bestanden. Der DINA-Chef, im Jahr 2008 insbesondere wegen der Ermordung von Prats zu zwei Mal lebenslanger Haft verurteilt, empfing in der fraglichen Zeit auch Geldzuwendungen aus Langley.

Im Dezember 1973 lässt sich Pinochet selbst zum Präsidenten Chiles ausrufen, »ein schroffer, kalter, autoritärer und intriganter Mann, der keine Skrupel kannte und nur gegenüber der Armee als Institution Loyalität empfand«, wie die Schriftstellerin Isabel Allende ein Vierteljahrhundert danach schreibt. »Er glaubte, er sei von Gott und der Geschichte auserwählt, das Vaterland zu retten.«[6]

Die Allende-Feinde, die Pinochet zu seinem Staatsstreich ermuntert haben, teilen diese Ansicht jedoch zum großen Teil nicht. Die Rückkehr in ihre alten Privilegien haben sie sich anders gedacht. Das Militär sollte das Instrument für den Umsturz sein, aber sich nicht selbst in den freigeräumten Führungspositionen breitmachen. Die Militärs geben die Macht zunächst nicht an die klassischen politischen Eliten zurück. Sie holen sich ideologischen Rat in der Schule des damals hochgelobten Chicagoer Ökonomieprofessors Milton Friedman. Ein scharfer neoliberaler Wirtschaftskurs hält in den folgenden Jahren einer aufsteigenden Generation von weitgehend gewissensfreien Technokraten den Rücken frei für neue unternehmerische Aktivitäten. Demokratische Parteien, Gewerkschaften und Berufsverbände haben Betätigungsverbot, die Universitäten und die Presse stehen unter staatlicher Kontrolle, soziale Subventionen sind gestrichen, der Kapitalmarkt dereguliert, die Schutzzölle abgeschafft – ideale Bedingungen für die Experimente der sogenannten Chicago-Boys, die aus Chile wieder einen Exporteur preiswerter Rohstoffe und Anbieter kostengünstiger Arbeitskraft für den Weltmarkt machen.

Fast 17 Jahre lang müssen die Chilenen die von Pinochet geführte Diktatur ertragen. Das Amnestiegesetz von 1978, das für alle ungesetzlichen Handlungen der letzten Jahre Straffreiheit gewähren soll, bringt keine Wiederbelebung der Demokratie. Eher dient es dem vorsorglichen Selbstschutz der Militärs, falls es mal wieder anders kommt und man sie nach ihren Verbrechen befragen könnte. In den frühen achtziger Jahren, als die Wirtschaft kriselt, Unternehmen in Konkurs gehen, Banken zusammenbrechen und die Arbeitslosigkeit rapide zunimmt, beginnt die Allmacht zu bröckeln, und das Militärregime gibt sich politisch toleranter.

Im September 1986 scheitert ein Attentatsversuch gegen den Diktator. Schließlich, nach einem verlorenen Plebiszit im Oktober 1989, das ihn im Amt bestätigen sollte, willigt Pinochet in den Rücktritt ein. Inzwischen hat sich das neoliberale Modell voll durchgesetzt und eine rasante Wirtschaftskonjunktur zu Lasten der Unterschichten trägt neues politisches Selbstbewusstsein in die Oberschichten und den profitierenden Teil des Mittelstandes. Man arrangiert sich neu. Der Wahlsieger Patricio Aylwin, Kandidat einer Koalition unter der Führung der Christdemokraten, übernimmt das Präsidentenamt. Pinochet bleibt Oberbefehlshaber der Streitkräfte. Eine Kommission, geleitet von dem früheren Senator Raúl Rettig, fertigt einen Bericht über Menschenrechtsverletzungen an. Viele politische Emigranten kehren erst jetzt zurück.

Erst 1998 – inzwischen sitzt Eduardo Frei wie 30 Jahre zuvor sein Vater auf dem Präsidentenstuhl – gibt Pinochet den Posten des Armeeoberbefehlshabers ab, bleibt aber Senator auf Lebenszeit und somit juristisch unantastbar. Im gleichen Jahr reist er als Mitglied des Verteidigungsausschusses nach London, wo er zugleich ein Rückenleiden behandeln lassen will, und wird von der britischen Polizei verhaftet. Spanien hat die Auslieferung verlangt, da ihm die Schuld am Tod spanischer Staatsbürger vorgeworfen wird. Auch Frankreich, Belgien und die Schweiz stellen Auslieferungsanträge.

Aber Pinochet kommt nicht vor Gericht. Nach einem zweijährigen Tauziehen, bei dem das US-Außenministerium in politischer und der Vatikan in katholischer Solidarität für den Verletzer der Menschenrechte eintreten, kommt der Exdiktator frei und kehrt nach Chile zurück. Dort weiß er noch viele Befürworter an seiner Seite, die wie er ungeschoren davongekommen sind. Der Sechsundachtzigjährige stirbt unter Hausarrest am 10. Dezember 2006 einen friedlichen Tod.

Für Allende hat man am 4. September 1990, zwanzig Jahre nach seiner Wahl zum Präsidenten des Landes, in Santiago eine zweite Beisetzung zelebriert, nunmehr ein offizielles Staatsbegräbnis. Das hat vor allem die Fundación Salvador Allende durchgesetzt, gegründet im gleichen Jahr von der Tochter Isabel. Tausende Chilenen bilden Spalier auf den Straßen, als der Sarg zum Stadtfriedhof getragen wird. Zu den Trauergästen aus dem Ausland gehört der frühere deutsche Bundeskanzler und Ehrenvorsitzende der SPD, Willy Brandt. Die gesamte chilenische Regierung gibt dem Toten dieses letzte Geleit. Es ist eine große Stunde der Besinnung und wohl auch des schlechten Gewissens im bürgerlichen Lager. »Wir berichtigen hier eine Ungerechtigkeit«, sagt der Präsident Patricio Aylwin, »die vor langer Zeit begangen wurde: die Verweigerung der Ehre, welche die menschliche Gemeinschaft normalerweise ihren Toten zuteil werden lässt, vor allem dann, wenn diese sich in ihrem irdischen Dasein aus der Masse ihrer Mitbürger herausgehoben haben.«[7]

Der Friedhof stammt aus dem späten 19. Jahrhundert und lässt erkennen, dass Santiago damals eine ziemlich reiche Oberschicht besessen haben muss. Eigens für Salvador Allende wurde dort ein Mausoleum aus weißem Marmor errichtet, gleichsam um eine moralische Schuld abzutragen. Meist liegen frische Blumen auf der Grabplatte. Es kommen Nostalgiker wie Neugierige. Aber ein chilenischer Wallfahrtsort ist es nicht geworden.

Die Geister in Chile scheiden sich nach wie vor an dem Bronzestandbild Allendes, das seit dem Jahr 2000 auf der Plaza de la Constitución steht, eine hohe, aufrechte Figur, die ihren Blick auf die Moneda richtet. Die Anhänger Pinochets hätten dieses Mahnzeichen am Ort der Untat gern verhindert. Jeden Tag sieht man dort am Sockel Leute, eher der unteren Mittelschicht angehörend oder vom Lande kommend, die sich fotografieren lassen mit dem Denkmal eines Mannes, dessen Intentionen für sie mittlerweile immer mehr in das Reich der Mythen abwandern. Andre gehen daran vorbei, spucken auf das Pflaster und stoßen Flüche aus.

Seit März 2006 wird das Land an der Westflanke des südamerikanischen Subkontinents von einem neuen Linksbündnis regiert, mit einer Präsidentin, die aus der einst von Allende mitgegründeten Sozialistischen Partei kommt: Michelle Bachelet. Sie ist die Tochter des verfassungstreuen Luftwaffengenerals Alberto Bachelet, der im ersten Jahr der Diktatur umgebracht wurde. Michelle Bachelet studierte zu DDR-Zeiten als Emigrantenkind in Leipzig und Berlin Medizin, wurde Kinderärztin, arbeitete von 1994 an im Gesundheitsministerium in Santiago und übernahm 2002 das Verteidigungsministerium, wo sie über eine große Zahl von Männern gebot, die das Pinochet-Regime mehr oder weniger aktiv gestützt hatten. Aber das ist schon eine andere Geschichte.

Salvador – das heißt wörtlich übersetzt: Erlöser. Seinen Platz in der Geschichte hätte Salvador Allende gern als den Beginn einer Ära ewigwährender sozialer Fortschritte in Chile gesehen. Die Erlösung für sein Land, wie er sie erträumte, hat er nicht gebracht. Es war eine schwierige, aber auch romantische Zeit, da sich seine Anhänger »auf den gepflasterten Straßen zur Utopie glaubten«, schreibt die Biografin Alejandra Rojas.[8]

Denn die soziale Gerechtigkeit ist ein flüchtiger Komparse auf der Bühne der Politik. Die Mächtigen haben daran in aller Regel nicht einmal ein moralisches Interesse. Die Massen sind manipulierbar, zumal, wenn es ihnen von Tag zu Tag schlechter geht, wie das in Chile unter dem Druck des Wirtschaftsboykotts und der Sabotage geschah. Der halbe Liter Milch für die Kinder, die Bodenverteilung an die landarmen Bauern, die Nationalisierung des Kupfers und die vielen anderen sozialen und wirtschaftlichen Bemühungen reichten irgendwann nicht mehr, um eine genügend große Anhängerschaft Allendes zusammenzuhalten, die den Militärputsch hätte abblocken können.

Geschichte ist ein anhaltender, nach vorn hin immer offener Prozess. Nur über die Vergangenheit lassen sich halbwegs bilanzierende Aussagen treffen. Salvador Allendes Visionen von einem demokratischen Sozialismus in den Farben Chiles, von einer Versöhnung der bürgerlichen Demokratie mit dem Proletariat, erwiesen sich unter den obwaltenden Kräfteverhältnissen im Chile der siebziger Jahre als nicht durchsetzbar. Es war ein großer ehrenwerter Versuch. Millionen Chilenen waren daran beteiligt. Ohne Utopien, das weiß man schon seit Jesus Christus, dem Erlöser am Kreuz, kann der Mensch nicht leben. Mit ihnen aber offenbar auch nicht.

Anhang

Anmerkungen

Der letzte Tag

1 Trabitsch, Michael, »Der letzte Tag des Salvador Allende«, Dokumentarfilm, Deutschland 2004
2 Lawrezki, Josef, Salvador Allende, Verlag Neues Leben, Berlin 1975, S. 324
3 Garcés, Joan E., Allende y la experiencia chilena, Editorial Ariel, Barcelona 1976, S. 383
4 García, Fernando Diego/Sola, Oscar (Hrg.), Salvador Allende. Das Ende einer Ära. Mit einem Essay von Alejandra Rojas, Aufbau-Verlag, Berlin 1998, S. 187
5 Lawrezki, S. 324
6 Schramm, Gotthold (Hrg.), Flucht vor der Junta, edition ost, Berlin 2005, S. 217f.
7 Girón, Arturo, zitiert aus: Trabitsch
8 Soane, Juan, zitiert aus: Trabitsch

Salpeterzeiten

1 Debray, Régis, Der chilenische Weg, Luchterhand Verlag, Neuwied/Berlin 1972, S. 42
2 Haslam, Jonathan, The Nixon Administration and the Death of Allende's Chile, Verso, London/New York 2005, S. 6
3 ebenda
4 Debray, S. 43
5 Allende, Isabel, zitiert nach: Wessel, Günther, Die Allendes. Mit brennender Geduld für eine bessere Welt, Campus Verlag, Frankfurt/Main 2002, S. 131
6 Isabel Allende in García/Sola, S. 7
7 ebenda
8 Puccio, Osvaldo, Ein Vierteljahrhundert mit Allende. Erinnerungen seines Privatsekretärs, Verlag der Nation, Berlin 1980, S. 294f.
9 García/Sola, S. 12
10 Allende, Isabel, Mein erfundenes Land, Suhrkamp Verlag, Frankfurt/Main 2006, S. 162
11 García/Sola, S. 16
12 ebenda
13 ebenda, S. 18
14 Dr. Sáez Saldías, zitiert aus: ebenda, S. 22
15 Wessel, S. 49
16 García/Sola, S. 20

Jahre der Irrungen

1 Wessel, S. 47
2 García/Sola, S. 22
3 ebenda, S. 24
4 ebenda
5 Wessel, S. 53
6 Frankfurter Allgemeine Sonntagszeitung, 8. Mai 2005
7 jungle world, 26. Juni 2005

Am Scheideweg

1 Lawrezki, S. 56
2 ebenda
3 García/Sola, S. 26
4 Wessel, S. 56
5 García/Sola, S. 30
6 ebenda
7 ebenda, S. 32

Minister im Abseits

1 Wessel, S. 76f.
2 García/Sola, S. 31
3 Knipp, Kersten, »Fahrlässige Wissenschaft«, in: Neue Zürcher Zeitung, 13.Juni 2005
4 Puccio, S. 23
5 García/Sola, S. 36

Chilenische Wechselspiele

1 Lawrezki, S. 86
2 Puccio, S. 36
3 ebenda
4 Lawrezki, S. 83
5 ebenda
6 ebenda, S. 92
7 Puccio, S. 28
8 ebenda, S. 5
9 ebenda, S. 57
10 Lawrezki, S. 95
11 ebenda, S. 99
12 García/Sola, S. 38

Kubanisches Intermezzo

1 Puccio, S. 112
2 Lawrezki, S. 102
3 ebenda, S. 103
4 García/Sola, S. 41
5 Puccio, S. 127
6 Allende, Salvador, De cara a la verdad. Diálogos con *La Prensa*, Ilesco-Ielco, Santiago (México) 1993, S. 20
7 Puccio, S. 127
8 ebenda, S. 128
9 García/Sola, S. 44
10 ebenda

Der dritte Versuch

1 Allende, De cara a la verdad, S. 20
2 ebenda
3 Kornbluh, Peter, The Pinochet File, New Press, New York 2004, S. 3
4 ebenda
5 Fulbright, J. William, Die Arroganz der Macht, Rowohlt Taschenbuchverlag, Hamburg 1967, S. 218
6 Kornbluh, S. 3
7 Neruda, Pablo, Confieso que he vivido, Memorias Seix Barral, México, 1975, S. 472
8 Kornbluh, S. 4
9 ebenda, S. 5
10 Witker, Alejandro, Salvador Allende cercano, Universidad Autónoma Metropolitana Azcapotzalco, México 1990, S. 118
11 Jorquera, Carlos, El Chicho Allende, Ediciones BAT, Santiago de Chile 1990, S. 107
12 Witker, S. 260
13 ebenda, S. 210
14 Jorquera, S. 250
15 Allende, Salvador, Obras escogidas, Fundación Presidente Allende, Santiago/Madrid 1992, S. 253
16 ebenda, S. 60
17 ebenda, S. 262
18 Lawrezki, S. 121
19 Jorquera, S. 243
20 http://es.wikipedia.org/wiki/Tacnazo_%28Chile%29

Zwischen den Fronten

1 Jorquera, S. 265
2 ebenda, S. 126
3 Witker, S. 280
4 Jorquera, S. 96
5 ebenda, S. 100
6 Witker, S. 113
7 Allende, De cara a la verdad, S. 21
8 ebenda, S. 20
9 Witker, S. 260
10 ebenda, S. 261 f.

11 Allende, De cara a la verdad, S. 45
12 Jorquera, S. 120
13 García/Sola, S. 54
14 www.elperiodista.cl
15 http://roberto quintana.blog-spot.com/2005/06xxii-congreso-general-ordinario-delps.html
16 ebenda
17 ebenda
18 Jorquera S. 88
19 Corvalán, Luis, El Gobierno de Salvador Allende, LOM, Santiago de Chile 2003, S. 150
20 Neruda, S. 448
21 Jorquera, S. 88
22 ebenda, S. 266
23 Neruda, S. 462

Der Durchbruch

1 García/Sola, S. 56f.
2 ebenda, S. 58
3 ebenda
4 ebenda, S. 60
5 Latorre Cabal, Hugo, El pensamiento de Salvador Allende, Fondo de Cultura Económica, México 1974, S. 279
6 Allende, Salvador, Obras escogidas, S. 282
7 Allende, De cara a la verdad, S. 58f.
8 ebenda, S. 52
9 Selser, Gregorio, Los días del Presidente Allende, Universidad Autónoma Metropolitana Azcapotzalco, México 1991, S. 16
10 Powers, Thomas, The Man Who Kept The Secrets: Richard Helms and the CIA, 1979, S. 230, zitiert aus: Allende, De cara a la verdad, S. 29
11 Kornbluh, S. 1
12 ebenda, S. 17
13 ebenda, S. 13
14 ebenda, S. 9
15 ebenda, S. 14
16 ebenda, S. 19
17 ebenda, S. 22
18 Jorquera, S. 133
19 Selser, S. 48

Der Präsident auf dem Beichtstuhl

1 Debray, S. 10
2 ebenda, S. 10f.
3 ebenda, S. 11
4 ebenda, S. 10
5 ebenda, S. 72
6 ebenda, S. 78
7 ebenda
8 ebenda, S. 80
9 ebenda, S. 83
10 García/Sola, S. 116
11 ebenda, S. 138
12 Debray S. 86
13 ebenda
14 ebenda, S. 87
15 ebenda
16 ebenda, S. 88
17 ebenda
18 ebenda
19 ebenda, S. 91
20 ebenda, S. 129
21 ebenda, S. 14
22 ebenda, S. 12
23 ebenda, S. 13
24 ebenda, S. 54
25 ebenda, S. 62

Macht und Ohnmacht

1 Jorquera. S. 312
2 Allende, De cara a la verdad, S. 23
3 Lawrezki, S. 188
4 Galeano, Eduardo, Die offenen Adern Lateinamerikas, Peter Hammer Verlag, Wuppertal 1985, S. 12
5 Allende, De cara a la verdad, S. 97
6 Allende, Obras escogidas, S. 588
7 ebenda, S. 586

8 ebenda, S. 590
9 Jacobs, Peter, Wenn ich sterbe, wird es keiner glauben. Anekdoten über Fidel Castro, Eulenspiegel Verlag, Berlin 2006, S. 96
10 Castro Fidel, Unsere Stärke liegt in der Einheit, Dietz Verlag, Berlin 1973, S. 208 f.
11 Selser, S. 91
12 Allende, Obras escogidas, S. 387 f.
13 Witker, S. 68
14 ebenda, S. 67
15 Selser, S. 155
16 Allende, Obras escogidas, S. 632
17 ebenda, S. 636

Das Gegenspiel

1 Jorquera, S. 147
2 Allende, De cara a la verdad, S. 85
3 Kornbluh, S. 92
4 ebenda, S. 80
5 Selser, S. 51
6 ebenda, S. 52
7 ebenda, S. 76
8 ebenda, S. 90
9 ebenda, S. 75
10 ebenda, S. 101
11 ebenda
12 ebenda, S. 81
13 ebenda, S. 106
14 Allende, De cara a la verdad, S. 105
15 Selser, S. 105
16 ebenda, S. 147

Die Stunde der Rächer

1 García/Sola, S. 129
2 ebenda, S. 137
3 Le Monde, zitiert nach: Lawrezki, S. 215
4 ebenda, S. 142
5 García/Sola, S. 169
6 Lawrezki, S. 245
7 García/Sola, S. 150
8 Lawrezki, S. 259
9 Correa, Raquel/Supercaseaux, Elisabeth, Ego sum Pinochet, ZIG-ZAG, Santiago de Chile 1989, S. 39
10 ebenda, S. 53
11 ebenda, S. 57
12 ebenda, S. 70
13 ebenda
14 ebenda, S. 77
15 Schramm, S. 190
16 Kornbluh, S. 95
17 ebenda
18 ebenda, S. 96
19 ebenda
20 ebenda
21 ebenda
22 García/Sola, S. 170
23 Latorre Cabal, S. 115
24 Selser, S. 187
25 Lawrezki, S. 291
26 ebenda, S. 294
27 García/Sola, S. 178
28 Lawrezki, S. 304
29 García/Sola, S. 182
30 ebenda
31 Lawrezki, S. 316

Requiem für einen Erlöser

1 Lawrezki, S. 345
2 Witker, S. 186 f.
3 New York Times, 2. September 1988
4 Witker, S. 193
5 Jara, Joan, zitiert aus: Aguilera, Pilar y/Fredes, Ricardo (Hrg.), Chile. El otro 11 de septiembre, Ocean Press 2003, S. 22
6 Allende, Isabel, S. 175
7 Wessel, S. 178
8 García/Sola, S. 200

Zeittafel

1908	Salvador Allende Gossens wird in Valparaíso als Sohn des Rechtsanwalts Salvador Allende Castro und Laura Gossens Uribe geboren. Valparaíso ist der wichtigste Hafen Chiles und die zweitgrößte Stadt des Landes
1909	Gründung der Federación Obrera de Chile (Arbeiterföderation Chiles)
	Die Familie Allende zieht nach Tacna in den Norden Chiles. Salvador wird dort eingeschult
1912	Luis Emilio Recabarren gründet die Partido Obrero Socialista (Sozialistische Arbeiterpartei)
1916	Umzug der Familie Allende nach Iquique
1918	Salvador Allende besucht kurzzeitig eine Schule in Santiago
1919	Die Familie Allende lebt in Valdivia. Salvador setzt die Schule dort fort
1920	Arturo Alessandri Palma, genannt der Löwe von Tarapacá, wird Präsident Chiles. Er strebt gegen den Willen der Oligarchie einige soziale Reformen an, die aber vom Kongress zurückgewiesen werden
1922	Die Sozialistische Arbeiterpartei wird umbenannt in Partido Comunista de Chile (Kommunistische Partei Chiles)
	Rückkehr der Allendes nach Valparaíso. Salvador besucht das Lyzeum Eduardo de la Barra
1924	Salvador Allende macht das Abitur und meldet sich zum Militärdienst, den er 1925 im Regiment Coraceros-Tacna in Viña del Mar ableistet
1926	Allende beginnt ein Studium der Medizin an der Universität von Santiago. Er beteiligt sich an Protesten gegen die Regierung des Generals Ibáñez del Campo. Im zweiten Jahr wird er Präsident der Studentenvereinigung seiner Fakultät

1927 General Ibáñez del Campo übernimmt die Regierung. 1931 tritt er – nach einer immensen wirtschaftlichen und politischen Krise – zurück

1929 Allende tritt den Freimaurern bei und wird Mitglied der linken Studentengruppe Avance

1930 Wahl Salvador Allendes zum Vizepräsidenten der Federación de Estudiantes de la Universidad de Chile (FECH), der Studentenförderation Chiles

Anfang der dreißiger Jahre werden in Chile faschistische Bewegungen gegründet, auch Auslandsortsverbände der deutschen Nazipartei NSDAP

1931 Ausschluss Allendes aus der Gruppe Avance wegen Opposition gegen geplante Arbeiter-, Bauern- und Soldatenräte (nach dem Vorbild der Sowjetunion) in Chile. Relegierung von der Universität wegen revolutionärer Aktivitäten. Er wird verhaftet und vor Gericht gestellt

1932 Allende arbeitet als Pathologe im Hospital van Buren in Valparaíso. Er wird Führer des Ärztegremiums der Stadt. Tod des Vaters von Salvador Allende

Am 4. Juni Ausrufung der Sozialistischen Republik in Chile, unter Marmaduke Grove. Sie existiert nur zwölf Tage. Nach ihrem Zusammenbruch hält Allende vor Jurastudenten in Valparaíso eine Rede. Er wird erneut verhaftet

Beginn der zweiten Präsidentschaft von Arturo Alessandri, die bis 1938 dauert

1933 Allende erwirbt den Doktortitel. Thema seiner Dissertationsschrift: Mentale Hygiene und Verbrechen

19. April: Gründung des Sozialistischen Partei Chiles. In ihrer Declaración de Principios wird eine Diktatur der Arbeiter gefordert. Allende organisiert die Gruppe in Valparaíso und wird deren Sekretär

1935 Herausgabe eines Medizinischen Bulletins und der Zeitschrift *Sozialmedizin* in Valparaíso

Allende wird wegen Opposition gegen die Regierung für sechs Monate nach Caldera im chilenischen Norden verbannt

1936 Gründung der Frente Popular (Volksfront), an der die Sozialistische und die Kommunistische Partei beteiligt sind. Allende wird Präsident der Frente in Valparaíso

1937 Allende ist Sekretär des Regionalkomitees der Sozialistischen Partei für Valparaíso (bis 1939). Die Region Valparaíso wählt Allende zum Abgeordneten für den chilenischen Kongress

1938 Allende wird Stellvertretender Generalsekretär der Sozialistischen Partei Chiles. Er leitet die Präsidenten-Wahlkampagne in Valparaíso für den Kandidaten der Frente Popular, Pedro Aguirre Cerda. Cerda, Mitglied der Radikalen Partei, gewinnt die Präsidentschaftswahlen

1939 Am 24. Januar erschüttert ein starkes Erdbeben mit Zentrum um Chillán Chile. Mehr als 25 000 Menschen sterben. An diesem Tag begegnet Allende seiner späteren Ehefrau Hortensia Bussi Soto

Am 28. September wird Allende Gesundheitsminister der Regierung Pedro Aguirre Cerda

Veröffentlichung seines Buches *La Realidad Médico-Social Chilena* (Medizinisch-soziale Wirklichkeit Chiles), die erste wissenschaftliche Untersuchung über das Gesundheitswesen in Chile

Mit dem Schiff »Winnipeg« kommen Ende des Jahres Tausende spanische Republikaner, Flüchtlinge des verlorenen Bürgerkriegs, nach Chile

1940 Allende organisiert die Erste Nationale Wohnungsausstellung in Santiago, in der das Alltagselend der großen Mehrheit der Chilenen angeprangert wird. Heirat mit Hortensia Bussi Soto

1941 Allendes erste Tochter, Carmen Paz, wird geboren

1942 Die Sozialistische Partei erlangt bei Parlamentswahlen 80 000 Stimmen

1943 Allendes zweite Tochter, Beatriz Gimena, genannt Tati, kommt zur Welt

Allende wird Generalsekretär der Sozialistischen Partei Chiles. Er ist bestrebt, die Zwistigkeiten zu der bisher auf Moskau und die Kommunistische Internationale ausgerichteten Kommunistischen Partei abzubauen

1945 Geburt der jüngsten Tochter María Isabel

Allende zieht als Senator für Valdivia, Llanquihue, Chiloé, Aisén und Magallanes in den Senat ein

1946 Der Kandidat Bernardo Ibáñez Aguila erreicht bei den Wahlen zum Präsidenten der Republik weniger als 12000 Stimmen. Präsident wird mit Unterstützung der Sozialisten und der Kommunisten González Videla von der Radikalen Partei

1947 Die sozialistische Partei gibt sich ein neues Programm mit dem Titel »Für eine demokratische Revolution der Arbeiter«. Der Begriff Diktatur der Arbeiter taucht nicht mehr auf

1948 Die Regierung Videla erlässt das sogenannte Ley maldita mit dem Verbot der Kommunistischen Partei. Die Kommunisten werden verfolgt, viele von ihnen in ein Gefangenenlager gesteckt

1949 Einführung des Frauenwahlrechts in Chile

1952 Allende führt innerhalb der Sozialistischen Partei eine Fraktion, die gegen eine Unterstützung für eine erneute Präsidentschaft von General Ibáñez auftritt. Die PS spaltet sich

Allende führt den ersten landesweiten Wahlkampf um das Amt des chilenischen Präsidenten. Als Kandidat der Frente del Pueblo erreicht er 5,45 Prozent der Stimmen. Die Wahlen gewinnt erneut General Ibáñez mit Losungen wie »Brot für alle«

Zusammen mit dem kommunistischen Senator Elías Laferte bringt Allende ein Projekt zur Nationalisierung des chilenischen Kupfers im Senat ein. Das Projekt ist zu dieser Zeit nicht realisierbar

1953 Allende wird Senator für die Nordprovinzen Tarapacá und Antofagasta. Im gleichen Jahr wird er zum Vizepräsidenten des Senats gewählt

Gründung der Central Única de Trabajadores, der Gewerkschaft, die die zersplitterte Gewerkschaftsbewegung zusammenbringt

1954 Erster Besuch Allendes in der Sowjetunion und in der Volksrepublik China

1956 In Vorbereitung auf die nächsten Präsidentschaftswahlen gehen die beiden Arbeiterparteien, die (wiedervereinte) Sozialistische Partei und die Kommunistische Partei, in einer gemeinsamen Front, der Frente de Acción Popular (FRAP), zusammen

Zu dieser Zeit beginnt die stärkere Herausbildung eines parteipolitischen Systems nach drei großen Lagern, genannt »Die drei Drittel« (Rechte, Christdemokraten, Linke)

1957 Die Christliche Partei, die sich in den dreißiger Jahren von den Konservativen abgespalten hat, gibt sich den Namen Christdemokratische Partei Chiles. Sie wird in den nächsten Jahren zur stärksten politischen Partei

1958 Wiederzulassung der Kommunistischen Partei Chiles

Die chilenische Linke präsentiert Allende als Präsidentschaftskandidaten der FRAP. Bei den Wahlen erreicht er 28,5 Prozent der Stimmen. Sieger wird Jorge Alessandri, der Kandidat der Rechten, mit 31,2 Prozent

Im Dezember reist Allende nach Venezuela zur Amtseinführung von Rómulo Betancourt

1959	Januar: Sieg der kubanischen Revolution. Wenige Tage danach besucht Allende Havanna. Begegnungen mit Che Guevara und Fidel Castro
1961	Erneute Wahl zum Senator, diesmal für Aconcagua und Valparaíso
1964	Allende tritt zum dritten Mal zu den Präsidentschaftswahlen an, erneut als Kandidat der FRAP. Er unterliegt trotz eines hohen Stimmengewinns (38,6 Prozent) dem Kandidaten der Christdemokraten, Eduardo Frei, auf den im letzten Moment auch die Parteien der Rechten gesetzt haben. Die CIA zahlt drei Millionen Dollar, um den Ausgang der Wahlen zu beeinflussen
	Tod der Mutter Allendes
1965	Gründung der profaschistischen Partido Nacional durch Zusammenschluss zweier rechter Parteien
	Gründung des Movimiento de Izquierda Revolucionaria (MIR), der Revolutionären Linken Bewegung
1966	Allende wird Senatspräsident und bleibt bis 1969 im Amt. Er leitet die chilenische Delegation bei der Trikontinentalkonferenz in Havanna. Dort initiiert er die Gründung einer Lateinamerikanischen Solidaritätsorganisation (OLAS), die ein Jahr später in Havanna erfolgt
1967	Am 8./9. Oktober Gefangennahme und Ermordung Che Guevaras in Bolivien durch Soldaten der Armee
	Ende des Jahres leitet die Sozialistische Partei Chiles auf dem Parteitag in Chillán eine Radikalisierung ihrer politischen Strategie zugunsten des bewaffneten Kampfes ein
1968	Allende übernimmt den Schutz einer kleinen Gruppe Überlebender aus dem Guerillakampf Che Guevaras, die in Chile Asyl suchen. Er sichert ihre Weiterreise nach Kuba

1969 Allende wird erneut Senator für Chiloé, Aisén und Maga lanes. In den Jahren als Mitglied des chilenischen Kongresses hat er wichtige Gesetze initiiert, u. a. zum Schutz von Mutter und Kind und das über den Nationalen Gesundheitsdienst

Putschversuch des Regiments Tacna gegen die Regierung Frei. Die Putschisten geben als Motiv die schlechte wirtschaftliche Situation der Militärs an

17. Dezember: Gründung der Unidad Popular, der erweiterten neuen Volksfront, zu der jetzt vier Parteien und zwei Bewegungen gehören – Sozialistische, Kommunistische, Sozialdemokratische und Radikale Partei, MAPU und API

1970 Am 22. Januar gibt die Unidad Popular Salvador Allende als ihren Kandidaten für die Präsidentschaftswahlen bekannt

4. September: Allende gewinnt die Präsidentschaftswahlen mit 36,3 Prozent. Als Zweiter folgt der Kandidat der Rechten, Jorge Alessandri Rodríguez, mit 34,9 Prozent. Da der Sieger nicht die absolute Mehrheit erreicht hat, muss der chilenische Kongress sechs Wochen später entscheiden, wer Präsident des Landes wird

Unmittelbar nach der Wahl entwickeln US-Regierung und CIA Pläne, um die Regierung des Sozialisten Allende zu verhindern. Über das Projekt Track I soll der chilenische Kongress beeinflusst werden, sich gegen Allende zu entscheiden. Track II soll ein Klima von wirtschaftlichem und politischem Chaos schaffen, das die chilenische Armee zum Eingreifen zwingt

In den drei Jahren der UP-Regierung zahlt die CIA acht Millionen Dollar an oppositionelle Gruppen in Chile. Das Geld geht an Medien, politische Parteien und Organisationen des Privatsektors, die damit die verschiedenen Streiks in ihren Branchen finanziell unterstützen

22. Oktober: Attentat rechter Gruppen, unterstützt von der CIA, auf den Oberbefehlshaber der chilenischen Armee, General René Schneider, der wiederholt die Treue der Streitkräfte zur Verfassung und damit zu jedem demokratisch gewählten Präsidenten vertreten hat. Der General wird schwer verletzt und stirbt drei Tage später

24. Oktober: Der chilenische Kongress bestätigt mit den Stimmen der Christdemokraten die Wahl Salvador Allendes. 153 von 195 Parlamentariern stimmen für ihn. Damit ist der Kandidat der UP der erste sozialistische Präsident weltweit, der über Wahlurnen in sein Amt gekommen ist

3. November: Amtsantritt Allendes. Im Kongress wird ihm die Präsidentenschärpe umgelegt. Danach findet in der Kathedrale von Santiago ein Tedeum mit Vertretern aller Kirchen in Chile statt

12. November: Aufnahme diplomatischer Beziehungen zu Kuba

1971 Auf dem Parteitag von Allendes Sozialistischer Partei in La Serena wird der radikale Positionen vertretende Carlos Altamirano zum Generalsekretär gewählt

Januar: Ein Attentat auf Allende wird von seinen Sicherheitskräften verhindert

Februar: Aufnahme diplomatischer Beziehungen zur DDR

April: Die Parteien der Unidad Popular erhalten bei Kommunalwahlen 51 Prozent der Stimmen

Der 11. Juli wird zum »Tag der nationalen Würde«. Der Kongress beschließt die Nationalisierung der chilenischen Bodenschätze

Staatsbesuche in Peru und Kolumbien

21. Oktober: Der chilenische Dichter Pablo Neruda erhält den Nobelpreis für Literatur

10. November: Fidel Castro reist für einen mehr als dreiwöchigen Staatsbesuch nach Chile

1. Dezember: Erster Marsch der leeren Töpfe; Señoras aus den reichen Vierteln Santiagos ziehen Topfdeckel schlagend durch die Straßen

1972 Im März veröffentlicht der US-Journalist Jack Anderson in der *Washington Post* Informationen über die Konspiration von CIA, US-Regierung und ITT gegen die Regierung Allende

Im Herbst legt ein 26-tägiger Streik der Fuhrunternehmer die Versorgung des Landes lahm. Andere Berufsgruppen schließen sich an. Zusammenstöße zwischen Anhängern der UP und rechten Gruppen häufen sich

Im Oktober 1972 lässt der US-Kupferkonzern Kennecott in französischen Häfen chilenisches Kupfer beschlagnahmen

Der chilenische Kongress verabschiedet mit den Stimmen der Opposition ein Gesetz, das der Armee das Recht einräumt, beliebig Waffenkontrollen durchzuführen. In der Praxis wird es in Arbeitersiedlungen, Fabriken und linken Organisationen angewendet

November: Allende holt die Befehlshaber der drei Waffengattungen Marine, Luftwaffe und Heer ins Kabinett, um die Lage zu stabilisieren. Der Oberbefehlshaber der Streitkräfte, General Carlos Prats, übernimmt das Innenministerium und ist damit gleichzeitig Vizepräsident

Am 4. Dezember spricht Allende vor der Vollversammlung in New York. Er klagt die »unsichtbare Blockade« gegen Chile an, den Versuch einer finanziellen und wirtschaftlichen Isolierung durch die USA. Danach besucht er die Sowjetunion, Kuba, Mexiko, Algerien und Venezuela

1973 Im Hafen von Hamburg erfolgt im Januar eine weitere Beschlagnahme chilenischer Kupferladungen durch Kennecott

4. März: Bei den Parlamentswahlen erhalten die Kandidaten der Unidad Popular 43,4 Prozent der Stimmen

April: Streik der Kupferarbeiter in der Mine El Teniente

Am 29. Juni führt ein Putschversuch des 2. Panzerregiments von Santiago, zu stundenlanger Belagerung des Regierungspalastes La Moneda

Juli: Erneuter landesweiter Streik der Transportunternehmer und anderer Berufsgruppen. Gleichzeitig bemüht sich Kardinal Silva Henríquez erfolglos um einen Dialog zwischen der Unidad Popular und Christdemokraten

27. Juli: Ermordung des Marineadjutanten Allendes, Arturo Araya

August: Der Streik der Transportunternehmer geht weiter. Händler, Kleinunternehmer und Ärzte schließen sich an

Am 9. August formiert Präsident Allende gegen großen Widerstand in der Armee ein Kabinett der nationalen Rettung mit erneuter Beteiligung der Generäle der verschiedenen Waffengattungen

22. August: Der Kongress spricht Allende das Misstrauen aus und erklärt die Regierung für illegitim

23. August: Der Oberbefehlshaber der Armee, General Carlos Prats, zu diesem Zeitpunkt auch Verteidigungsminister, tritt von beiden Ämtern zurück. Zum neuen Oberbefehlshaber wird General Augusto Pinochet ernannt

28. August: Erneute Regierungsumbildung, die zehnte in der Regierungszeit Allendes

4. September: Massendemonstration in Santiago und anderen Städten zur Unterstützung für die Regierung Allende, anlässlich des dritten Jahrestages des Wahlsieges der Unidad Popular

8. September: Allende beschließt gegen die Auffassungen innerhalb der UP, das Volk am 10. September zum Plebiszit über seinen Verbleib im Amt aufzurufen. Er teilt dies am 9. September den Generälen mit. Diese empfehlen, den Aufruf um zwei Tage zu verschieben

11. September: Putsch der chilenischen Militärs unter dem Oberbefehlshaber General Pinochet. Tod Salvador Allendes im Regierungspalast La Moneda. Die Militärjunta übernimmt die Herrschaft über Chile

Literatur

Aguilera, Pilar y/Fredes, Ricardo (Hrg.), Chile. El otro 11 de septiembre, Ocean Press 2003

Allende, Isabel, Paula, Plaza & Janes Editores, Barcelona 1994

Allende, Isabel, Mein erfundenes Land, Suhrkamp Verlag, Frankfurt/Main 2006

Allende, Salvador, De cara a la verdad. Diálogos con *La Prensa*, Ilesco-Ielco, Santiago (México) 1993

Allende, Salvador, Abrirán las grandes Alamedas, LOM, Santiago de Chile 2003

Allende, Salvador, Obras escogidas, Fundación Presidente Allende, Santiago/Madrid 1992

Almeyda, Clodomiro, Reencuentro con mi vida, Ornitorinco, Santiago de Chile 1987

Anderson, Jon Lee, Che. Die Biographie, List Taschenbuchverlag, Berlin 2005

Castro, Fidel, Unsere Stärke liegt in der Einheit, Dietz Verlag, Berlin 1973

Correa, Raquel/Supercaseaux, Elisabeth, Ego sum Pinochet, ZIG-ZAG, Santiago de Chile 1989

Corvalán, Luis, El Gobierno de Salvador Allende, LOM, Santiago de Chile 2003

Debray, Régis, Der chilenische Weg, Luchterhand Verlag, Neuwied/Berlin 1972

Fulbright , J. William, Die Arroganz der Macht, Rowohlt Taschenbuchverlag, Hamburg 1967

Galeano, Eduardo, Die offenen Adern Lateinamerikas, Peter Hammer Verlag, Wuppertal 1985

Garcés, Joan E., Allende y la experiencia chilena, Editorial Ariel, Barcelona 1976

Garcés, Joan E., Salvador Allende. Chiles Weg zum Sozialismus, Peter Hammer Verlag, Wuppertal 1972

García, Fernando Diego/Sola, Oscar (Hrg.), Salvador Allende. Das Ende einer Ära. Mit einem Essay von Alejandra Rojas, Aufbau-Verlag, Berlin 1998

Haslam, Jonathan, The Nixon Administration and the Death of Allende's Chile, Verso, London/New York 2005

Jacobs, Peter, Wenn ich sterbe, wird es keiner glauben. Anekdoten über Fidel Castro, Eulenspiegel Verlag, Berlin 2006

Jorquera, Carlos, El Chicho Allende, Ediciones BAT, Santiago de Chile 1990

Kornbluh, Peter, *The Pinochet File*, New Press, New York 2003

Latorre Cabal, Hugo, El pensamiento de Salvador Allende, Fondo de Cultura Económica, México 1974

Lawrezki, Josef, Salvador Allende, Verlag Neues Leben, Berlin 1975

Moulián, Tomás, Conversación interrumpida con Allende, LOM, Santiago de Chile 1998

Neruda, Pablo, Confieso que he vivido, Memorias Seix Barral, México 1975

Oyarzún, María Eugenia, Augusto Pinochet: Diálogos con su historia, Editorial Sudamericana, Santiago de Chile 1999

Pinochet, Augusto, El día decisivo, Editorial Andrés Bello, Santiago de Chile 1980

Prats González, Carlos, Memorias. Testimonio de un soldado, Pehuén Editores, Santiago de Chile 1985

Puccio, Osvaldo, Ein Vierteljahrhundert mit Allende. Erinnerungen seines Privatsekretärs, Verlag der Nation, Berlin 1980

Quién es Chile, Empresa Editora Nacional Quimantú, Santiago de Chile 1971

Schramm, Gotthold (Hrg.), Flucht vor der Junta, edition ost, Berlin 2005

Selser, Gregorio, Los días del Presidente Allende, Universidad Autónoma Metropolitana Azcapotzalco, México 1991

Wessel, Günther, Die Allendes. Mit brennender Geduld für eine bessere Welt, Campus Verlag, Frankfurt/Main 2002

Witker, Alejandro, Salvador Allende cercano, Universidad Autónoma Metro politana Azcapotzalco, México 1990

Elektronische Quellen

Allende, Salvador, Universidad de Guadalajara, www.abacq.net/imaginaria/discurs5.htm

Carmona, Ernesto, Cómo la CIA financió a *El Mercurio* y…, www.chileinforma.com

Church Report, Covert Action in Chile 1963–1973, http://foia.state.gov/Reports/ChurchReport.asp

Fuerzas Armadas e Historia Militar, http://fuerzas-armadas.blogspot.com

Guzmán, Hugo, El sacrificio de un ciudadano de América Latina, www.lafogata.org

Quintana, Roberto, XXII Congreso General del PS, http://robertoquintana.blogspot.com

Trabitsch, Michael, »Der letzte Tag des Salvador Allende«, Dokumentarfilm, 2004

Bildnachweis:
Archiv APSI (S. 25, 40), ullstein bild – Imagno (S. 74), ullstein – Billhardt (S. 109), ullstein – dpa (S. 146), ullstein – ADN-Bildarchiv (S. 150). Nicht in allen Fällen konnten die Rechteinhaber ermittelt werden. Berechtigte Honoraransprüche bleiben gewahrt.

ISBN 978-3-355-01749-7

Umschlaggestaltung: Buchgut, Berlin
unter Verwendung eines Fotos von dpa picture alliance
Druck und Bindung: CPI Moravia Books GmbH

Ein Verlagsverzeichnis schicken wir Ihnen gern:
Neues Leben Verlagsgesellschaft mbH & Co. KG
Neue Grünstr. 18, 10179 Berlin
Tel. 01805/30 99 99
(0,14 €/min. aus dem deutschen Festnetz,
abweichende Preise für Mobilfunkteilnehmer)

Die Bücher des Verlags Neues Leben
erscheinen in der Eulenspiegel Verlagsgruppe.

www.verlag-neues-leben.de